独検

2 級レベル

重要単語1400

石﨑朝子 著

語研

はじめに

本書はドイツ語技能検定試験 2 級合格を目指す方々のための単語集です。

本書の特長

◇ 過去の出題傾向をもとに，**2 級レベル向け 1476 語を収録**しています。

◇ 2 級の問題には幅広い分野の単語が出題されることが予想されます。本書はそれに合わせて**各分野の単語をバランスよく収録**しています。

◇ 既刊の 5 級・4 級および 3 級レベル用の単語集と同様に，見出し語は可能な限り**分野別・場面別**にまとめました。

◇ 2 級レベルの語彙は 3000 語とされておりますが，本シリーズは 5 級から 2 級まで合計 3600 語以上収録しています。3000 語は合格に必要なおおよその目安の語彙数であり，実際にはそれを上回る範囲の単語が出題されます。その点も考慮し **3 級レベルからのステップアップに適した単語を収録**しました。

◇ 2 級合格のためには基礎となる 3 級レベルまでの語彙を確実に習得しておくことも重要です。本書はそれを踏まえて **3〜5 級レベル用の単語集に収録した単語のほとんどを例文内において使用**しております。**すべての見出し語に例文が添えられ**ておりますので復習しながら新しい語彙を習得することが可能です。

◇ 例えば Übersetzer/-in（翻訳家）という見出し語には，関連する動詞 übersetzen（翻訳する：本シリーズ 4 級レベル見出し語）および名詞 Übersetzung（翻訳：同 3 級レベル見出し語）も併記してあります。**これまでに習得した単語との関連で新しい単語を覚えられる**ように工夫しました。一部の見出し語には 2 〜 5 級レベルの見出し語として収録されていない単語も関連語として記載してあります。余力があればセットで覚えることでさらに語彙を増やすことも可能です。

◇ **音声を活用した学習が可能**です。**見出し語と例文（ドイツ語のみ）の音声が収録**されています。ぜひネイティブの発音を耳にし，アクセントや母音の長短などを含む正しい発音を身につけてください。

◇ ヨーロッパ言語共通参照枠 B1〜B2 レベルにおおよそ対応していますので，**基礎的な単語の習得を終えた方にもステップアップ用の単語集**としてお使いいただけます。

本書がドイツ語を学習されている方々のお役に立つことを願っております。

　2024 年 4 月 26 日

　　　　　　　　　　　　　　　　　　　　　　　　　　　　　石﨑　朝子

目　次

【校閲】
Daniel Kern

【装丁】
高嶋　良枝

本書の紙面構成と凡例

定冠詞
名詞の前には定冠詞を配しています。
9頁参照。

見出し語

意味

関連語

品詞・略号
9頁参照。

das **Wesen**

中 本質
pl. die Wesen

wesentlich

形 本質的な

im Wesentlichen：大体のところ，まず第一に

複数形
複数形がほとんど使われないものや，種類としての複数形は記載していません。

vorhanden

形 手元にある，存在する

die **Existenz**

女 存在，生計，生活
pl. Existenzen

分類
分類については目次参照。

existieren

動 存在する

🎧 ふるまい・行動・動作
073

**音声トラック
ナンバー**
見出し語と例文のドイツ語に音声が収録されています。

die **Haltung**

女 姿勢，態度
pl. die Haltungen

halten：動 止まる，（〜⁴をある状態に）保つ　das Verhalten：中 態度，ふるまい

sich **benehmen***

動 （〜に）ふるまう
[benahm － benommen]

du benimmst
er benimmt

**現在形の活用
に注意！**

sich **verhalten***

動 （〜に）ふるまう
[verhielt － verhalten]

du verhältst
er verhält

アクセント
アクセントが置かれる文字を色で示しています。一息に発音する二重母音（ei, au など）は，一組の母音としてまとめて色文字にしています。

das Verhalten：中 態度，ふるまい　das Verhältnis：中（人と人との）関係，（複数で）状況

ein|treten*

du trittst...ein
er tritt...ein

動 （部屋などに）入る，（団体などに）加入する
[s]［trat...ein － eingetreten］

treten：動（〜へと）歩む，踏む　der Eintritt：男 入場，入場料

sich **nähern**

動 近づく

nah/nahe：形 近い　die Nähe：女 近く

**完了助動詞が
seinの場合は (s)**

**不規則変化の過去
基本形・過去分詞**

sich⁴ は sich と記載し sich³ のみ
格を数字で示しています。

sein または haben の場合はそれぞれ略記されています。記載がない場合，完了助動詞は haben です。

8

注

幹母音が a→ä, e→i(e) に変わる
だけの不規則動詞は簡易表記し
ています（分離動詞をのぞく）。

例文

赤シートで例文を隠すと，
見出し語の復習になります。

例文訳

柱

頁内に掲載さ
れている見出
し語のジャン
ルを示します。

Er erkennt das Wesen der Sache noch nicht.	彼はまだその事柄の本質を見抜いていません。
Es gibt keinen wesentlichen Unterschied zwischen den beiden Produkten.	この2つの商品に本質的な違いはありません。
Im Keller sind noch genug Nudeln und Reis vorhanden.	地下室にはまだ十分な麺類と米があります。
In Deutschland möchte ich mir eine neue Existenz aufbauen.	私はドイツで新しい暮らしを始めたいと思っています。

sich³ eine Existenz aufbauen : 生計を立てる

In diesem Gebiet existieren keine Gebäude mehr aus der DDR-Zeit.	この辺りにはもうドイツ民主共和国時代の建物はありません。

die DDR : (旧) ドイツ民主共和国 (東ドイツ) の略称

◆ 事実・本質・存在 ― ふるまい・行動・動作

Er änderte seine Haltung sofort, als er das hörte.	彼はそれを聞いたときすぐさま態度を変えました。
Die Japaner haben sich mir gegenüber immer höflich benommen.	日本人は私に対していつも礼儀正しかったです。
Die Jugendlichen haben sich so unvernünftig verhalten, als ob niemand sonst da wäre.	若者たちはそこに他に誰もいないかのように無分別にふるまいました。
Ich möchte in einen Sportverein eintreten.	私はスポーツクラブに入会したいです。
Schließlich haben wir uns der polnischen Grenze genähert.	私たちはようやくポーランドとの国境に近づきました。

2級レベル重要単語

der **Vetter**	男 （男性の）いとこ
	pl. die Vettern
	= der **Cousin**：男 （男性の）いとこ
die **Schwiegereltern**	複 義理の両親，妻または夫の両親
die **Verwandtschaft**	女 （総称として）親戚，類似性
	pl. die Verwandtschaften
verwandt	形 親戚の，類似の，同系の
	der/die **Verwandte**：男女 親戚
das **Haustier**	中 ペット
	pl. die Haustiere
das **Futter**	中 ペットフード，（動物の）エサ

der **Zwilling**	男 双子
	pl. die Zwillinge
das **Einzelkind**	中 一人っ子
	pl. die Einzelkinder
	einzeln：形 個々の
die **Herkunft**	女 素性，起源
	pl. die Herkünfte
	her|kommen：動 由来する
die **Nationalität**	女 国籍
	pl. die Nationalitäten
national：形 国民の，国家の　die **Nation**：女 国民　die **Staatsangehörigkeit**：女 国籍
menschlich	形 人間の，思いやりのある
	der **Mensch**：男 人間

An diesem Wochenende versammelt sich in unserem Haus die ganze Verwandtschaft. Meine Eltern haben viele Geschwister und ich habe 8 Vettern(Cousins) und drei Cousinen. Ich selbst habe drei Schwestern und eine Zwillingsschwester. Mein Mann ist ein Einzelkind. Die Schwiegereltern wohnen in Amsterdam und sprechen nur Holländisch. Deutsch und Holländisch sind verwandte Sprachen, aber wir verstehen uns nur ein wenig. Sie kommen mit ihren Haustieren, einer Katze und zwei Hunden. An dem Tag werde ich leckere Speisen und auch noch gesundes Futter zubereiten.

週末わが家に親戚全員が集まります。私の両親にはたくさんの兄弟姉妹がいて，私には８人のいとこ（男性）と３人のいとこ（女性）がいます。私自身には３人の姉妹と双子の姉（妹）がいます。私の夫は一人っ子です。義理の両親はアムステルダムに住んでいてオランダ語しか話しません。ドイツ語とオランダ語は同系の言語ですが，私たちは少ししか分かり合えません。彼らはペットたち，つまり１匹の猫と２匹の犬とやって来ます。その日私はおいしい料理とヘルシーなペットフードを用意するつもりです。

das Holländisch：オランダ語

Nach der Statistik nimmt die Zahl der Familien mit ausländischer Herkunft allmählich zu.	統計によれば外国にルーツを持つ家庭が徐々に増加しています。
Geben Sie hier Ihre Nationalität an.	ここにあなたの国籍を記入してください。
Die Katze versteht einigermaßen die menschliche Sprache.	猫はある程度人間の言葉を理解します。

weiblich	形 女性の
männlich	形 男性の
der **Typ**	男 (もの・人などの）型 *pl.* die Typen **typisch**：形 典型的な
der **Kerl**	男 やつ *pl.* die Kerle
der/die **Idiot/-in**	男 女 ばか *pl.* die Idioten/Idiotinnen
der/die **Millionär/-in**	男 女 百万長者，大富豪 *pl.* die Millionäre/Millionärinnen die **Million**：女 100万
der **Adel**	男 （総称として）貴族，貴族階級 **edel**：形 高級な，気高い ⇒ p.266
die **Eigenschaft**	女 特性 *pl.* die Eigenschaften **eigen**：形 自分の，特有の
das **Talent**	中 才能，才能のある人 *pl.* die Talente
begabt	形 才能のある

Mila, Mia und Lena... Das sind alles weibliche Vornamen.

ミーラ，ミーア，レーナ…これらはすべて女性のファーストネームです。

Von den 10 Katzen, die wir haben, sind nur zwei männlich.

うちで飼っている猫10匹のうちオスは2匹だけです。

Du bist nicht der Typ, der so etwas ohne nachzudenken tut.

君はよく考えもせずにそのようなことをするタイプではない。

Er ist ein alter Freund und ein sehr netter Kerl.

彼は昔からの友人で，とてもいいやつなんです。

Wieso hast du ihr so etwas Schreckliches gesagt, du Idiot!

なぜ彼女にそんなひどいことを言ったんだ，ばかめ！

Wenn Sie Millionär wären, was würden Sie tun?

もしあなたが大富豪なら何をしますか。

Dieses Gebäude war früher die Residenz einer Adelsfamilie.

この建物は以前はある貴族の邸宅でした。

Er ist zu hartnäckig, hat aber auch gute Eigenschaften.

彼は頑固すぎますが，長所もあります。

Er spricht gut Chinesisch, Japanisch und Italienisch, sagt aber, er habe kein Talent für Sprachen.

彼は中国語，日本語，イタリア語を話しますが，自分には語学の才能がないと言います。

Sie gilt als begabte Pianistin.

彼女は才能あるピアニストだと見なされています。

genial	形 天才的な
	das **Genie**：中 天才
weise	形 賢い，賢明な
die **Weisheit**	女 賢明さ pl. die Weisheiten
die **Schwäche**	女 弱さ，欠点，偏愛 pl. die Schwächen **schwach**：形 弱い
die **Stärke**	女 強さ，強み pl. die Stärken **stark**：形 強い

人生

gebären	動 (子ども⁴を)産む 〔gebar - geboren〕 **geboren**：形 (〜に)生まれた
die **Geburt**	女 出産，誕生 pl. die Geburten der **Geburtstag**：男 誕生日
auf|wachsen*	動 成長する du wächst...auf / er wächst...auf (s) 〔wuchs...auf - aufgewachsen〕 der/die **Erwachsene**：男女 大人
die **Jugend**	女 青春時代，(総称として)青少年 der/die **Jugendliche**：男女 青少年

Das ist eine geniale Idee. Wie sind Sie auf diese Idee gekommen?

これはすばらしいアイディアですね。どうやって思いついたのですか。

Die Heiligen Drei Könige aus der Bibel nennt man auch die drei Weisen aus dem Morgenland.

heilig：聖なる

聖書に登場する東方の三博士は東方の三賢人とも呼ばれます。

das Morgenland：東洋，オリエント
※ただしここでは単に「東の方」の意

Der Aufsatz beweist seine Weisheit.

その作文は彼の賢明さを証明しています。

Meine Mutter hat eine Schwäche für Fernsehserien.

私の母はテレビドラマに目がないです。

Seine Stärke ist, dass er viele Freunde um sich hat, denen er vertrauen kann.

彼の強みは，信頼できる友人が周りにたくさんいることです。

Der geniale Komponist wurde 1756 in Salzburg geboren.

その天才作曲家は 1756 年にザルツブルクで生まれました。

Meine Großeltern freuen sich auf die Geburt ihres ersten Enkels.

私の祖父母は初孫の誕生を楽しみにしています。

Ich bin in dieser Stadt geboren und aufgewachsen.

私はこの町で生まれ育ちました。

Das sind Tagebücher, die ich in meiner Jugend geschrieben habe.

これらは私が若いころ書いた日記です。

die **Begegnung**	女 出会い
	pl. die Begegnungen
	begegnen：動（〜³に偶然）出会う
die **Verlobung**	女 婚約
	pl. die Verlobungen
	sich verloben：動（mit 〜³ と）婚約する
die **Heirat**	女 結婚
	pl. die Heiraten
heiraten：動（〜⁴と）結婚する　**verheiratet**：形 結婚している　**ledig**：形 独身の	
geschieden	形 離婚した
die **Scheidung**	女 離婚
	pl. die Scheidungen
scheiden：動（〜⁴を）分ける　**sich scheiden lassen**：離婚する	
die **Karriere**	女 出世
	pl. die Karrieren
die **Pension**	女 （公務員などの）年金，年金生活，ペンション
	pl. die Pensionen
	die **Rente**：女 年金
pensionieren	動 （年金を与えて〜⁴を）退職させる
überleben	動 （〜⁴を）生き延びる

Die Begegnung mit den Menschen hier hat mein Leben verändert.

ここにいる人たちとの出会いは私の人生を変えました。

Herr Müller hat die Verlobung seiner Tochter bekannt gegeben.

ミュラー氏は娘の婚約を発表しました。

Nach ihrer Heirat ist sie nach Berlin umgezogen und arbeitet jetzt dort.

結婚後，彼女はベルリンに引っ越し，現在はそこで働いています。

Ich bin seit langem geschieden, aber ich will nicht wieder heiraten.

離婚して長らくたちましたが再婚するつもりはありません。

Vor ihrer Scheidung lebte sie im Norden von Hamburg.

彼女は離婚前はハンブルクの北に暮らしていました。

Er hat bei dieser Firma eine gute Stelle bekommen und dann Karriere gemacht.

彼はこの会社でよい地位を得て出世しました。

Mein Onkel war 40 Jahre Beamter und bekommt deshalb eine gute Pension.

おじは40年間公務員だったので十分な額の年金を受け取ります。

Mein Vater ist letztes Jahr pensioniert worden.

私の父は昨年退職しました。

Seine Eltern haben den Zweiten Weltkrieg überlebt.

彼の両親は第二次世界大戦を生き延びました。

der **Tod**	男 死
	pl. die Tode
	tot：形 死んだ

der **Friedhof**	男 墓地
	pl. die Friedhöfe
	das **Grab**：中 墓

hinterlassen	動 (~⁴を)あとに残す，死後に残す
	〔hinterließ － hinterlassen〕
	a→ä

das **Erbe**	中 遺産

erben	動 (財産など⁴を)相続する

das **Gut**	中 財産
	pl. die Güter

das **Eigentum**	中 所有物，財産
	eigen：形 自分の，特有の

das **Vermögen**	中 財産，能力
	pl. die Vermögen

der **Reichtum**	男 (単数で)富，(複数で)財産
	pl. die Reichtümer
	reich：形 裕福な

die **Armut**	女 貧乏，貧困
	arm：形 貧しい

Auch nach seinem Tod werden seine Leistungen noch immer geschätzt.

彼の死後も彼の業績はいまもなお高く評価されています。

Auf diesem Friedhof befinden sich die Gräber von Soldaten, die im Krieg gefallen sind.

この墓地には戦死した兵士たちの墓があります。

Der im vergangenen Jahr gestorbene Maler hat zahlreiche Meisterwerke hinterlassen.

昨年亡くなったその画家は数多くの傑作を残しました。

Mein Großvater hat mir ein großes Erbe hinterlassen.

私の祖父は私に莫大な遺産を残しました。

Er konnte von seinen Eltern ein großes Grundstück erben.

彼は両親から広い土地を相続することができました。

Manche denken nicht, dass Gesundheit das höchste Gut ist.

健康は何よりの財産である，と思わない人たちもいます。

Das Haus mit einer großen Garage ist Eigentum meiner Tante.

大きなガレージ付きのこの家は私のおばが所有しています。

Ihre Eltern haben ein großes Vermögen.

彼女の両親は莫大な財産を持っています。

Nur Reichtum garantiert kein glückliches Leben.

富だけでは幸せな人生は保証されません。

In den städtischen Gebieten des Landes leben immer mehr Menschen in Armut.

国内の都市部では貧困にあえぐ人々が増えています。

der **Ruf**	男 叫び声，呼びかけ，名誉，評判
	pl. die Rufe
	rufen：動 (~⁴を) 呼ぶ，叫ぶ

der **Ruhm**	男 名声，栄誉
	berühmt：形 名高い，有名な　**rühmen**：動 (~⁴を) ほめたたえる

das **Abenteuer**	中 冒険
	pl. die Abenteuer

die **Herausforderung**	女 挑戦
	pl. die Herausforderungen
	fordern：動 (~⁴を) 要求する

erleben	動 (~⁴を) 体験する
	das **Erlebnis**：中 体験，経験

bei|tragen*	動 (zu ~³に) 寄与する
	[trug...bei － beigetragen]

du trägst...bei
er trägt...bei

widmen	動 (~³に~⁴を) ささげる，献呈する，sich (~³に) 専念する

streben	動 (nach ~³を) 得ようと努める

die **Bemühung**	女 努力，骨折り
	pl. die Bemühungen
	sich bemühen：動 努力する

das **Pech**	中 不運
	das **Unglück**：中 不運，(大きな) 事故

Die Anwältin hat einen guten Ruf.　その弁護士は評判が良いです。

Dieser Roman hat den Ruhm des Schriftstellers begründet.　この小説はその作家の名声を築きました。

Ihn zu heiraten, ohne ihn gut zu kennen, ist ein zu gewagtes Abenteuer.　彼をよく知らずに彼と結婚するのはあまりにも思い切った冒険です。

Dieser Herausforderung möchte ich mich unbedingt stellen.　この挑戦にぜひともチャレンジしたいです。

Ich habe viele Überraschungen erlebt, als ich in Japan lebte.　私は日本に住んでいる間，多くの驚きを体験しました。

Der damalige Minister hat zur wirtschaftlichen Entwicklung des Landes beigetragen.　当時の大臣は国の経済発展に寄与しました。

Den Rest seines Lebens hat er der Entwicklung neuer Produkte gewidmet.　彼は残りの人生を新製品の開発に捧げました。

Er ist geizig und strebt nur danach, Geld zu verdienen.　彼はけちで金もうけだけに励んでいます。

Ich danke Ihnen für Ihre Bemühungen.　あなたのご尽力に感謝いたします。

Auf der Reise habe ich viel Pech gehabt.　旅行中たくさんの不運に見舞われました。

glücklicherweise	🔳 幸運にも
	glücklich：🔶 幸福な

das **Gemüt**	🔳 心情，（ある心情を持った）人
	pl. die Gemüter
	gemütlich：🔶 居心地のよい

das **Gewissen**	🔳 良心
	pl. die Gewissen

psychisch	🔶 精神的な，心的な
	die **Psychologie**：🟥 心理学

geistig	🔶 精神的な，知的な
	der **Geist**：🟦 精神

die **Hoffnung**	🟥 希望
	pl. die Hoffnungen
	hoffen：🔳 (～⁴ を) 望む，期待する　**hoffentlich**：🔳 ～だといいのだが

die **Erwartung**	🟥 期待
	pl. die Erwartungen
	erwarten：🔳 (～⁴ を) 待ち受ける，予期する

die **Verzweiflung**	🟥 絶望

verzweifeln	🔳 絶望する
	(s)
	zweifeln：🔳 (an ～³ を) 疑う　der **Zweifel**：🟦 疑い

Glücklicherweise wurde mein verlorenes Portemonnaie schnell gefunden.	幸い紛失した私の財布はすぐに見つかりました。
Er hat ein ehrliches Gemüt, aber er ist ein bisschen ängstlich.	彼は正直ですが，少し臆病です。
Ich habe dein Geburtstagsgeschenk vergessen. Ich habe ein ganz schlechtes Gewissen.	君への誕生日プレゼントを忘れてしまった。すごく良心がとがめる。
Der Student hat psychische Probleme und kommt deshalb nur selten zum Unterricht.	その学生は精神的な問題を抱えており，めったに授業に来ません。
Das geistige Eigentum darf nicht verletzt werden.	知的財産は侵害してはいけません。
Es gibt noch Hoffnung. Wir dürfen nicht aufgeben.	まだ望みはあります。あきらめてはいけません。
Je höher die Erwartungen sind, desto größer ist die Enttäuschung.	期待が大きければ大きいほど失望が大きいです。
Ich glaube fest daran, dass es nach der Verzweiflung wieder Hoffnung gibt.	私は絶望の後には再び希望があると固く信じています。
Unter diesen Umständen kann man nur verzweifeln.	こんな状況では絶望することしかできません。

die **Enttäuschung**	女 失望
	pl. die Enttäuschungen
	enttäuschen：動 (～⁴を)失望させる
sich amüsieren	動 楽しむ
sich vergnügen	動 楽しむ
	das **Vergnügen**：中 楽しみ
freudig	形 うれしい
	die **Freude**：女 喜び
die **Langeweile**	女 退屈
	langweilig：形 退屈な
langweilen	動 (～⁴を)退屈させる
gleichgültig	形 無関心な，(～³にとって)どうでもよい
	gleich：形 同じ 動 すぐ
zuverlässig	形 信頼できる
das **Vertrauen**	中 信頼
	vertrauen：動 (～³/auf ～⁴を)信頼する
das **Misstrauen**	中 不信

Die Enttäuschung über die Regierung war ziemlich groß.	政府に対する失望はかなり大きかったです。
Wir haben uns auf der Grillparty sehr gut amüsiert.	私たちはバーベキューパーティーで大いに楽しみました。
Auf dem Weinfest hat man sich sehr vergnügt.	そのワイン祭りでは，みな大いに楽しみました。
Zwei Ehepaare begrüßen sich freudig auf dem Marktplatz.	2組の夫婦は広場でうれしそうにあいさつを交わします。
Sie haben angefangen, Karten zu spielen, um sich die Langeweile zu vertreiben.	彼らは退屈しのぎにトランプを始めました。

vertreiben：（～⁴を）追い出す

Die langen Erzählungen der Erwachsenen haben die Kinder gelangweilt.	おとなたちの長い話は子どもたちを退屈させました。
Er hat Politikwissenschaften studiert, ist aber jetzt der Politik gegenüber gleichgültig.	彼は政治学を専攻したのに，いまや政治に対して無関心です。
Diese Daten stammen aus zuverlässigen Quellen.	これらのデータは信用できる情報源からのものです。
Ich habe kein Vertrauen mehr zu ihm.	私はもはや彼を信用していません。
Sein Misstrauen mir gegenüber scheint von Tag zu Tag stärker zu werden.	彼の私に対する不信感は日ごとに強まっているようです。

misstrauisch	形 信用しない，疑い深い
zweifelhaft	形 疑わしい，うさんくさい
	der **Zweifel**：男 疑い　**zweifeln**：動 (an ~³ を)疑う
skeptisch	形 懐疑的な
der **Respekt**	男 尊敬
	respektieren：動 (~⁴ を)尊敬する
geehrt	形 尊敬された
verachten	動 (~⁴ を)軽蔑する
	achten：動 (~⁴ を)尊重する，(auf ~⁴ に)注意を払う
die **Begeisterung**	女 感激
	sich begeistern：動 感激する，(für ~⁴ に)熱中する
leidenschaftlich	形 情熱的な，激しい
	die **Leidenschaft**：女 情熱
die **Neugier**	女 好奇心
	neugierig：形 好奇心の強い
die **Sehnsucht**	女 あこがれ
	pl. die Sehnsüchte
	sich sehnen：動 (nach ~³ に) あこがれる
der **Neid**	男 嫉妬
	beneiden：動 (~⁴ を)うらやむ

Er blickte misstrauisch auf den Mann, der ihm folgte.	彼は後をつけてきた男にいぶかしげに目を向けました。
Es ist zweifelhaft, ob der Plan tatsächlich durchgeführt wird.	その計画が実際に実行されるかは疑わしいです。
Am Anfang war man skeptisch, ob das Projekt gelingen würde.	当初そのプロジェクトが成功するかどうか，人々は懐疑的でした。
Er hat großen Respekt für seine Eltern.	彼は両親をとても尊敬しています。
Sehr geehrte Damen und Herren, ...	(手紙・メールの冒頭で) 拝啓 皆々様 (不特定宛て)
Wenn du das tun würdest, würde ich dich verachten.	もし君がそんなことをするなら私は君を軽蔑するだろう。
Sie hat mit Begeisterung über ihre Hobbys gesprochen.	彼女は自分の趣味について夢中で話しました。
Die Teilnehmenden haben leidenschaftlich über politische Themen diskutiert.	参加者たちは政治的テーマについて激しく議論しました。
Kleine Kinder versuchen aus Neugier alles anzufassen.	小さな子どもは好奇心から何でも触ろうとします。
Ich habe Sehnsucht nach meiner Heimat.	私は望郷の念を持っています。
In dem Augenblick, in dem der andere Kandidat gewählt worden ist, ist er vor Neid ganz blass geworden.	他の候補者が選ばれた瞬間，彼は嫉妬のあまり顔が青ざめました。

neidisch	形 ねたんでいる

das **Bedürfnis**	中 欲求，必要 *pl.* die Bedürfnisse der **Bedarf**：男 必要，需要 ⇒ p.206

der **Schreck**	男 驚き，恐怖 *pl.* die Schrecken **schrecklich**：形 恐ろしい，ものすごく

erstaunen	動 (〜⁴を)驚かせる(h)，**sich** (über 〜⁴に)驚く(s) **überraschen**：動 (〜⁴を)驚かせる

wundern	動 (予期しないことが〜⁴を)驚かす，**sich** (予期しないことに)驚く das **Wunder**：中 奇跡

verwundern	動 (〜⁴を)驚かせる，いぶかしがらせる，**sich** (über 〜⁴に)驚く

erschrecken	動 (〜⁴)をびっくりさせる(h) びっくりする(s)　(e→i) **sich** びっくりする(h) 〔規則変化または erschrack - erschrocken〕

aus|halten＊	動 (〜⁴に)耐える　du hältst...aus er hält...aus 〔hielt...aus - ausgehalten〕 **ertragen**：動 (〜⁴に)耐える

die **Geduld**	女 忍耐 **geduldig**：形 忍耐強い

Er war neidisch auf seinen jüngeren Bruder.

彼は弟に嫉妬していました。

Normalerweise habe ich nicht das Bedürfnis, Süßigkeiten zu essen.

通常私はお菓子を食べたいとは思いません。

Ich habe einen großen Schreck bekommen, als ich eine Schlange im Garten gesehen habe.

私は庭の蛇を見た時，ぎょっとしました。

Ich ging an den Fluss um zu angeln und war erstaunt, dort einen Bären zu sehen.

川に釣りに行ったらそこで熊を見てびっくりしました。

Ich habe mich darüber gewundert, dass mein Mann plötzlich mit dem Rauchen aufgehört hat.

夫が突然タバコをやめたことに驚きました。

Ich war darüber verwundert, dass ein Kollege aus Deutschland rohen Fisch mag.

私はドイツから来た同僚が生魚が好きなことに驚きました。

Ich habe mich durch ein plötzliches Gewitter erschreckt (erschrocken).

私は突然の雷雨にびっくりしました。

Ich kann diese Hitze nicht mehr aushalten.

私はもうこの暑さに耐えられません。

Haben Sie noch ein wenig Geduld.

もう少し我慢してください。

der **Hass**	男 憎しみ
	hassen：動 (〜⁴を)憎む，嫌う **hässlich**：形 醜い
die **Wut**	女 激怒
wütend	形 激怒している
ärgerlich	形 怒った
	sich ärgern：動 (über 〜⁴に)怒る
der **Wahnsinn**	男 狂気，(反語的に)すごい！
	der Unsinn：男 無意味なこと，ばかげたこと
wahnsinnig	形 気の狂った，ものすごい
verrückt	形 気の狂った，(auf 〜⁴／nach 〜³ に)惚れ込んでいる，(副詞的に) ものすごく
sorgen	動 (für 〜⁴の)世話をする，**sich** (um 〜⁴を)心配する
	die Sorge：女 心配
die **Rücksicht**	女 配慮
	die Sicht：女 眺め，視点 ⇒ p.48
die **Vorsicht**	女 用心
	vorsichtig：形 用心深い
die **Ahnung**	女 予感，心当たり
	pl. die Ahnungen
	ahnen：動 (〜⁴を)予感する

Ich habe keinen Hass mehr auf ihn.	私には彼に対する憎しみはもうありません。
Sein Gesicht wurde rot vor Wut.	彼の顔は怒りのあまり赤くなりました。
Ich weiß nicht, warum meine Frau so wütend auf mich ist.	私はなぜ妻が私に激怒しているのか分かりません。
Sie reagierte mit einer ärgerlichen Geste.	彼女は怒りのジェスチャーで反応しました。
Dieses Handy kostet nur 10 Euro. —Wahnsinn!	この携帯電話はたった 10 ユーロだよ。―すごい！
Der Film hat mir wahnsinnig gut gefallen.	その映画がものすごく気に入りました。
Er ist verrückt nach der Sängerin.	彼はその歌手に夢中です。
Um ihn brauchst du dich nicht zu sorgen.	彼のことを心配する必要はないよ。
Nehmen Sie bitte auf andere Leute Rücksicht.	他の人への配慮をお願いします。

auf ~⁴ Rücksicht nehmen : ～に気を配る

Ich bin gestürzt, obwohl ich das Schild „Vorsicht Stufe!" gesehen habe.	「段差注意！」の看板を見たにもかかわらず転びました。
Ich habe gar keine Ahnung, wie man an diesem Automaten Fahrkarten kauft.	この券売機でどうやって切符を買うのかまったく見当もつきません。

peinlich	形 気まずい
sich schämen	動 恥じる
sich beruhigen	動 落ちつく **ruhig**：形 静かな　die **Ruhe**：女 静けさ，平穏，休息
erleichtert	形 ほっとした **leicht**：形 軽い，楽な
sich entspannen	動 リラックスする **spannend**：形 はらはらさせる，わくわくさせる　**gespannt**：形 緊張した，期待に満ちた

sprachlich	形 言語の die **Sprache**：女 言語
mündlich	形 口頭による der **Mund**：男 口
schriftlich	形 筆記による，文書による die **Schrift**：女 文字，手書きの字
die **Umgangssprache**	女 話し言葉 *pl.* die Umgangssprachen **umgangssprachlich**：形 話し言葉の
das **Fremdwort**	中 外来語 *pl.* die Fremdwörter die **Fremdsprache**：女 外国語
die **Redewendung**	女 慣用句，慣用表現 *pl.* die Redewendungen

Er hat gerade den peinlichsten Moment seines Lebens erlebt.	彼はいままさに人生で一番気まずい瞬間を体験しました。
Er sollte sich für seine Lügen schämen.	彼は嘘をついたことを恥じたほうがよいでしょう。
Beruhigen Sie sich zunächst und sprechen Sie dann langsam.	まず落ちついてからゆっくり話してください。
Ich bin erleichtert, dass mir niemand widersprochen hat.	誰も私に反論しなかったことにほっとしました。
Sie sehen nervös aus. Entspannen Sie sich!	緊張しているように見えますよ。リラックスしてください。
Ich habe sowohl ein kulturelles als auch ein sprachliches Interesse an Japan.	私は日本に対して文化的な興味も言語的な興味も持っています。
Ich habe am Montag eine mündliche Prüfung in Englisch.	私は月曜日に英語の口頭試験があります。
Die schriftliche Prüfung habe ich mit einer guten Note bestanden.	私は筆記試験に良い成績で合格しました。
„Toll" ist ein Ausdruck aus der Umgangssprache.	「toll（すごい）」は口語的な表現です。
Die japanische Sprache hat viele Fremdwörter deutschen Ursprungs.	日本語にはドイツ語由来の外来語がたくさんあります。
Kennen Sie die Redewendung „einen Kater haben"?	「二日酔いである」という慣用表現を知っていますか。

das **Sprichwort**	中 ことわざ
	pl. die Sprichwörter

der **Spruch**	男 格言
	pl. die Sprüche

der **Wortschatz**	男 語彙

der **Schatz**：男 宝，（貴重な）コレクション，最愛の人 ⇒ p.116

der/die **Übersetzer/-in**	男 女 翻訳家
	pl. die Übersetzer/-innen

übersetzen：他（～⁴ を）翻訳する　die **Übersetzung**：女 翻訳

der/die **Dolmetscher/-in**	男 女 通訳
	pl. die Dolmetscher/-innen

die **Aussage**	女 発言，（法廷での）証言
	pl. Aussagen

aus|sagen：他 証言する，（～⁴ を）述べる

die **Äußerung**	女 発言，意見
	pl. Äußerungen

äußern：他（意見など⁴ を）述べる

die **Behauptung**	女 主張
	pl. die Behauptungen

behaupten：他（～⁴ を）主張する

die **Auseinandersetzung**	女 （批判的な）取り組み，討論
	pl. die Auseinandersetzungen

formulieren	他（～⁴ を）言葉で表現する

die **Form**：女 形

In Japan gibt es ein ähnliches Sprichwort.

日本にも似たようなことわざがあります。

An der Wand hängt ein Kalender mit witzigen Sprüchen.

壁にはおもしろい格言のついたカレンダーが掛かっています。

Dieser Schriftsteller verfügt über einen besonders reichen Wortschatz.

この作家はとりわけ豊かな語彙を持っています。

Ich träume davon, Übersetzerin zu werden und Mangas zu übersetzen.

私は翻訳家になりマンガを翻訳するのが夢です。

Er ist ein sehr guter Dolmetscher, der mehrere Sprachen fließend beherrscht.

彼は何か国語も操れる大変優秀な通訳です。

Er hat vor Gericht falsche Aussagen gemacht.

彼は法廷で偽りの証言をしました。

Sie vermeidet grundsätzlich politische Äußerungen.

彼女は基本的に政治的な発言を避けます。

Ich glaube nicht, dass seine Behauptung falsch ist.

私は彼の主張が間違っているとは思いません。

Wir hatten eine lebhafte Auseinandersetzung über die Energiepolitik.

私たちはエネルギー政策について活発な討論を行いました。

Versuchen Sie, einen Satz mit all diesen Wörtern zu formulieren.

これらの単語をすべて使って文を作ってみてください。

aus|drücken	動 (～⁴を)表現する，述べる der **Ausdruck**：男 表現
die **Beschreibung**	女 記述，描写 *pl.* die Beschreibungen **beschreiben**：動 (～⁴を言葉で)描写する，説明する
die **Darstellung**	女 描写，表現 *pl.* die Darstellungen **dar|stellen**：動 (～⁴を)表す，(役⁴を)演じる
schildern	動 (～⁴を目に見えるように)描写する，物語る die **Schilderung**：女 叙述
die **Erklärung**	女 説明 *pl.* die Erklärungen **erklären**：動 (～⁴を)説明する
erläutern	動 (～⁴を)詳しく説明する，解説する die **Erläuterung**：女 解説
definieren	動 (～⁴を)定義する，厳密に説明する
versichern	動 (～³に～⁴を)断言する，保証する **sicher**：副 きっと 形 安全な，確実な
erwähnen	動 (～⁴に)言及する
an|geben* du gibst...an er gibt...an	動 (～⁴を)告げる，述べる，(例などを)挙げる 〔gab...an - angegeben〕

In diesem Gedicht werden seine Gefühle gut ausgedrückt.	この詩では彼の感情がよく表現されています。
Auf dieser Seite steht eine kurze Beschreibung des Lebens zu dieser Zeit.	このページにその当時の生活についての簡潔な記述が載っています。
Das Buch besteht nur aus sachlichen Darstellungen.	その本は事実に基づいた描写のみで構成されています。
Er hat seine Erlebnisse auf der Reise geschildert.	彼は旅先での体験を語りました。
Wo kann ich eine Erklärung für dieses Wort finden?	この単語の説明はどこにありますか。
Können Sie Ihre Idee genauer erläutern?	あなたのアイデアについてもっと詳しく説明していただけませんか。
Kann jemand den Begriff definieren?	誰かその概念を定義できますか。
Er hat mir versichert, dass er die Diät schafft.	彼はダイエットをやり遂げると私に断言しました。
Der Minister hat es vermieden, einige wichtige Nachteile zu erwähnen.	大臣はいくつかの重要なデメリットに言及することを避けました。
In einer Abschlussarbeit muss man unbedingt die Quellen angeben.	卒業論文では絶対に出典を挙げなければなりません。

zu|geben* du gibst...zu er gibt...zu	働 (罪など⁴を) 白状する，(～⁴を) 正しいと認める，(～⁴を) 許す，(～⁴を) 付け加える 〔gab...zu - zugegeben〕
an|kündigen	働 (～⁴を) 予告する
kündigen：働 (契約⁴などの) 解約を通知する，(人³に) 解雇を通告する ⇒ p.184	
vereinbaren	働 (～⁴を) 取り決める die **Vereinbarung**：女 取り決め
verabreden	働 (～⁴を) 取り決める， sich (～³と) 会う約束をする die **Verabredung**：女 (人と会う) 約束
die **Zusage**	女 (招待などに対する) 承諾，(相手の希望などをかなえるという) 約束 *pl.* die Zusagen
zu|sagen	働 承諾の返事をする，(～⁴を) 確約する
ab|sagen	働 (～⁴を) とりやめる，(～³に) 断りを言う
kritisieren	働 (～⁴を) 批評(批判)する，非難する die **Kritik**：女 批判，批評
kritisch	形 批判の，批判的な
schimpfen	働 ののしる

Sie hat ihrem Mann gegenüber zugegeben, dass sie einen anderen Mann liebt.

彼女は彼女の夫に別の男性を愛していることを白状しました。

Die Stadt hat angekündigt, dass am Wochenende ein Feuerwerk stattfindet.

市は，週末花火大会が開催されることを予告しました。

Schließlich habe ich einen Termin für ein Treffen mit der Professorin vereinbart.

ついにその教授と会う約束を取りつけました。

Leider bin ich heute schon mit meinen Freunden verabredet.

残念ながら今日はもう友だちと会う約束をしています。

Gleich nach dem Vorstellungsgespräch habe ich eine Zusage erhalten.

面接後すぐに（採用・合格などの）通知を受け取りました。

Er hat mir seine Teilnahme an der Feier zugesagt.

彼は私にその祝典に参加することを確約しました。

Leider wurde der Ausflug wegen schlechten Wetters abgesagt.

残念ながら遠足は悪天候のため中止になりました。

Die Entscheidung des Politikers wurde heftig kritisiert.

その政治家の決断は激しく批判されました。

Einige Kritiker beurteilen das neueste Werk des Schriftstellers kritisch.

何人かの批評家はその作家の最新作に批判的な評価をしました。

Früher hat meine Mutter oft mit mir geschimpft.

昔，母は私をよくきつくしかりました。

mit ~³ schimpfen：(~³を) きつくしかる

41

die **Beschwerde**	女 苦情，（身体的な）苦痛
	pl. die Beschwerden

sich beschweren：動 (bei ~³ に über ~⁴ のことで) 苦情を言う

sich beklagen	動 (über ~⁴ のことで) 苦情を言う，不平を言う

klagen：動 (bei ~³ に über ~⁴ のことで) 苦情を言う

auf|fordern	動 (~⁴ に zu ~³ を) 要求する，促す，勧める

warnen	動 (~⁴ に vor ~³ に用心するよう／~⁴ に vor ~³ をしないよう) 警告する

die **Warnung**	女 警告，（危険への）注意喚起
	pl. die Warnungen

die **Mahnung**	女 警告，勧告
	pl. die Mahnungen

besprechen⋆	動 (~⁴ について) 話し合う
	[besprach - besprochen] e→i

der **Dialog**	男 対話
	pl. die Dialoge

plaudern	動 おしゃべりする

schwatzen	動 おしゃべりする，くだらないことをしゃべる

| Seine Beschwerde wurde von seiner Chefin abgelehnt. | 彼の苦情はチーフに認められませんでした。 |

Er beklagt sich ständig über andere.

彼はいつも他人の文句ばかり言っています。

Die Lehrerin hat den Schüler aufgefordert, den Sommerkurs zu besuchen.

先生はその生徒に夏期講習に通うことを勧めました。

Der Polizist hat uns davor gewarnt, hier zu lange stehen zu bleiben.

その警察官は私たちにここに長いこと立ち止まりすぎないよう注意しました。

Achtung! Da steht ein Schild: „Warnung vor dem Hund!"

気をつけて！　そこに「猛犬注意」の看板がある。

Dieses Ölgemälde enthält eine Mahnung, die Natur zu achten.

この油絵には自然を尊重するようにという警告が含まれています。

Gibt es noch etwas, was Sie mit mir besprechen möchten?

他にまだ何か私と話し合いたいことはありますか。

Der Dialog zwischen den beiden Schauspielern war sehr spannend.

二人の俳優の対話はとてもわくわくしました。

Nach dem Unterricht gehe ich manchmal ins Café, um mit Freunden zu plaudern.

授業の後，友だちとおしゃべりをしに時々カフェに行きます。

Der Lehrer ärgert sich darüber, dass einige Schüler im Unterricht schwatzen.

先生は，数人の生徒が授業中にぺちゃくちゃしゃべっていることに怒っています。

an|sprechen* 　　　du sprichst...an 　　　er spricht...an	動 (～⁴に)話しかける 〔sprach...an - angesprochen〕
an|deuten	動 (～⁴を)ほのめかす **bedeuten**：動 (～⁴を)意味する
die **Empfehlung**	女 勧め *pl.* die Empfehlungen **empfehlen**：動 (～³に～⁴を)推薦する
beraten*	動 (～⁴に)助言する　　du berätst 　　　　　　　　　　　er berät 〔beriet - beraten〕 **raten**：動 (～³に)助言する，(～⁴を)言い当てる
die **Beratung**	女 助言 *pl.* die Beratungen
der **Tipp**	男 ヒント，助言 *pl.* die Tipps
trösten	動 (～⁴を)慰める der **Trost**：男 慰め
beleidigen	動 (～⁴を)侮辱する das **Leid**：中 悲しみ，苦しみ
die **Beleidigung**	女 侮辱 *pl.* die Beleidigungen
betrügen	動 (～⁴を)だます 〔betrog - betrogen〕
täuschen	動 (～⁴を)だます，**sich** 思い違い をする **enttäuschen**：動 (～⁴を)失望させる

In der U-Bahn-Station hat mich ein Mann in Uniform angesprochen.

地下鉄の駅で制服を着た男性が私に話しかけてきました。

Er hat angedeutet, dass er meine Freundin Lisa mag.

彼は私の友人リーザが好きだとほのめかしました。

Ich habe mich auf Empfehlung eines Freundes hin für dieses Hotel entschieden.

私は友人の勧めによりこのホテルに決めました。

auf ~⁴ hin : ~に基づいて

Der Verkäufer ist freundlich und hat uns bestens beraten.

その店員は親切で私たちに最適なアドバイスをしてくれました。

Beim Einkaufen brauche ich keine Beratung.

買い物の際に助言は必要ありません。

Dieses Rätsel ist schwierig, bitte geben Sie mir einen Tipp.

このなぞなぞは難しいです。ヒントを下さい。

Die Mutter hat ihre weinende Tochter getröstet.

母親は泣いている娘を慰めました。

Er hat mich in der Öffentlichkeit beleidigt.

彼は私を公衆の面前で侮辱しました。

Er hat den Ratschlag seines Freundes als Beleidigung empfunden.

彼は友人からの助言を侮辱と感じました。

Ich habe dich keineswegs betrogen!

君のことを決してだましてはいないよ！

Wenn ich mich nicht täusche, ist er gerade angekommen.

私の思い違いでなければ彼はちょうどいま到着しました。

verraten*	動 (〜⁴を) 裏切る，(秘密など⁴を) 漏らす du verrätst er verrät 〔verriet - verraten〕
verschweigen	動 (〜⁴を) 言わないでおく 〔verschwieg - verschwiegen〕 **schweigen**：動 黙っている
die **Lüge**	女 うそ *pl.* die Lügen **lügen**：動 うそをつく
die **Ausrede**	女 言いわけ *pl.* die Ausreden **reden**：動 話す，講演する
das **Gerücht**	中 うわさ *pl.* die Gerüchte
übertreiben	動 (〜⁴を) 誇張する 〔übertrieb - übertrieben〕 **treiben**：動 (〜⁴を) 追いたてる，(仕事・活動など⁴を) する
schmeicheln	動 (〜³に) お世辞を言う
betonen	動 (〜⁴を) 強調する der **Ton**：男 音，口調 ⇒ p.112
hin|weisen	動 (auf 〜⁴を) 指し示す，(〜⁴に auf 〜⁴を) 指摘する 〔wies...hin - hingewiesen〕 der **Hinweis**：男 指示，ヒント

Er hat mir nicht verraten, was er vorhat.	彼は何をするつもりか私に教えてくれませんでした。
Der Chef verschwieg seinen Mitarbeitern, dass sich die Firma in finanzieller Not befand.	社長は会社が経営難であることを従業員たちに黙っていました。
Er konnte nicht erkennen, dass es eine Lüge war.	彼はそれが嘘だと見抜けませんでした。
Mir ist eine gute Ausrede eingefallen!	うまい言いわけを思いつきました！
Das Gerücht verbreitete sich schnell.	そのうわさはすぐに広まりました。
Was er sagt, ist meistens übertrieben.	彼の言うことはたいてい大げさです。
Er schmeichelt immer seinem Chef.	彼はいつも上司にお世辞を言っています。
Er hat betont, dass es nicht seine Schuld war.	彼は自分のせいではないことを強調しました。
Der Beamte hat mich auf einen Fehler in meinen Unterlagen hingewiesen.	同僚が私の書類の間違いを指摘してくれました。

verweisen	動 (〜4 に auf 〜4 を参照するよう) 指示する
	[verwies - verwiesen]
bezeichnen	動 (〜4 に) 印をつける, (〜4 を als 〜と) 呼ぶ
	zeichnen：動 スケッチする, (〜4 を) 線で描く
sich erkundigen	動 (nach 〜3 について) 問い合わせる, 尋ねる

🎧 **意見・判断**

006

die **Vernunft**	女 理性
	vernünftig：形 理性的な
nach|denken	動 (über 〜4 について) じっくり考える
	[dachte...nach - nachgedacht]
berücksichtigen	動 (〜4 を) 考慮する
	die **Rücksicht**：女 配慮 ⇒ p.32
der **Standpunkt**	男 立場, 見解, 考え方
	pl. die Standpunkte
	der **Stand**：男 立っている状態, 状況, 身分, 売店
der **Gesichtspunkt**	男 視点, 観点
	pl. die Gesichtspunkte
	das **Gesicht**：中 顔, 見ること, 視力
die **Sicht**	女 眺め, 視点
	die **Aussicht**：女 見晴らし, 見込み
	sehen：動 (〜4 が) 見える　die **Absicht**：女 意図　die **Ansicht**：女 意見, (風景などの) 絵・写真

Der Text verweist auf eine Statistik zu dem Thema „Lieblingsreiseziele der Deutschen".

この文章は「ドイツ人の好きな旅行先」というテーマについての統計を示しています。

Schon als Kind wurde er als Genie bezeichnet.

彼はすでに子どものころ天才と呼ばれていました。

Am Schalter habe ich mich danach erkundigt, ob ich den Anschlusszug noch erreichen kann.

窓口で，まだ接続列車に間に合うかどうか尋ねました。

Glücklicherweise konnten wir ihn wieder zur Vernunft bringen.

幸いにも私たちは彼を再び正気に戻すことができました。

Das kann ich nicht sofort beantworten, ich brauche Zeit, um darüber nachzudenken.

それにはすぐには答えられません。それについてじっくり考える時間が必要です。

Beim Planen einer Reise muss auch das Wetter berücksichtigt werden.

旅行の計画を立てる際には天気も考慮しなければなりません。

Seinen Standpunkt kann ich überhaupt nicht verstehen.

彼の立場をまったく理解することができません。

Unter diesem Gesichtspunkt habe ich das Problem noch nie betrachtet.

その問題をこの視点から見たことはまだ一度もありませんでした。

Aus ökologischer Sicht sollte man öfter mit dem Rad fahren.

環境保護の観点から人々はもっとひんぱんに自転車に乗ったほうがよいでしょう。

der **Einfall**	男 思いつき，アイディア
	pl. die Einfälle
	ein|fallen：動 (～³の)念頭に浮かぶ，思いつく
der **Entschluss**	男 決心
	pl. die Entschlüsse
sich entschließen	動 決心する
	〔entschloss - entschlossen〕
bestimmen	動 (～⁴を)定める，決める
	bestimmt：副 きっと，確かに
urteilen	動 (über ～⁴について)判断する
	das Urteil：中 判断，意見，判決
beurteilen	動 (～⁴について)判断する
zu|stimmen	動 (～³に)同意する
	die Stimme：女 声
die **Zustimmung**	女 同意
	pl. die Zustimmungen
einverstanden	形 (mit ～³に)同意した
	das Einverständnis：中 同意
das **Argument**	中 論拠
	pl. Argumente
	argumentieren：動 論証する

Das finde ich eine kreative Lösung. Sie haben ja immer ausgezeichnete Einfälle.

これはクリエイティブな解決策だと思います。あなたは本当にいつもすばらしいアイディアをお持ちですね。

Er hat noch nicht den Entschluss gefasst, sich operieren zu lassen.

彼はまだ手術を受ける決心がつきません。

einen (den) Entschluss fassen：(そう) 決心する

Sie hat sich entschlossen, sich von ihm zu trennen.

彼女は彼と別れることを決心しました。

Meine Frau hat bestimmt, dass die ganze Familie im Urlaub ans Meer fährt.

私の妻は家族みなで休暇に海に行くことを決めました。

Es ist gefährlich, über Menschen nur nach dem ersten Eindruck zu urteilen.

人を第一印象だけで判断するのは危険です。

Wie beurteilen Sie diese Situation?

この状況をどのように判断しますか。

In diesem Punkt stimme ich Ihnen absolut zu.

この点ではあなたにまったく同意します。

Seine Rede fand bei den Zuhörern überhaupt keine Zustimmung.

彼の演説は聴衆の同意をまったく得られませんでした。

Ich bin mit Ihnen völlig einverstanden.

あなたの意見にまったく同意します。

Seine Argumente konnten keinen einzigen Diskussionsteilnehmenden überzeugen.

彼の論拠は議論参加者の誰一人納得させることはできませんでした。

---

der **Widerspruch**	男 反論，矛盾
	pl. die Widersprüche
widersprechen：動 (～³ に対して) 反論する，(～³ と) 矛盾する	

der **Einwand**	男 異議
	pl. die Einwände
ein|wenden：動 (gegen ～⁴ に対して) 異議を唱える　**wenden**：動 (～⁴ を) 裏返す，(～⁴ を別の方向へ) 向ける	

ein|schätzen	動 (～⁴ を…と) 評価する
schätzen：動 (～⁴ を) 高く評価する，(～と) 思う	

absichtlich	形 故意の
die **Absicht**：女 意図	

beabsichtigen	動 (～⁴ をする) つもりである

sich³ vor|nehmen*	動 (～⁴ を) 企てる，(～しようと) 決心する
	du nimmst...vor er nimmt...vor
	(nahm...vor - vorgenommen)

der **Verzicht**	男 放棄，断念
	pl. die Verzichte
verzichten：動 (auf ～⁴ を) 断念する	

bevorzugen	動 (～⁴ を) 優遇する，他よりも好む

der **Vorzug**	男 優先，長所
	pl. die Vorzüge

vermeiden	動 (～⁴ を) 避ける
	(vermied - vermieden)

Seine Taten stehen im Widerspruch zu seinen Aussagen.

彼の行動は彼の発言と矛盾しています。

im Widerspruch zu ~³ stehen：～と矛盾している

Trotz der Einwände vieler Menschen wurde der Plan durchgeführt.

多くの人たちの反対にもかかわらずその計画は実行されました。

Es ist wichtig, dass die Marketingleiter die Situation jederzeit richtig einschätzen können.

マーケティングのリーダーがいつでも状況を正しく判断できることが重要です。

Der Mann ist absichtlich mit mir zusammengestoßen.

その男性はわざと私にぶつかってきました。

mit ~³ zusammen|stoßen：～と衝突する

Wir beabsichtigen, hier im Juni Hochzeit zu feiern.

私たちはここで6月に結婚式をするつもりです。

Ich habe mir vorgenommen, im Alter in Spanien zu leben.

私は晩年はスペインで暮らそうと決めました。

Er hat seinen Verzicht auf die Teilnahme an den olympischen Spielen erklärt.

彼はオリンピック参加断念を表明しました。

Ich bevorzuge Mineralwasser mit Kohlensäure.　die Kohlensäure：炭酸

私は炭酸入りのミネラルウォーターのほうが好きです。

Er hat seiner jüngeren Tochter den Vorzug gegeben.

彼は次女の方をかわいがりました。

Ich habe es lange Zeit vermieden, mich zu wiegen.

私は自分の体重を測ることを長いこと避けてきました。

---

ab|lehnen	動 (〜⁴ を)拒絶する
sich weigern	動 拒む
alternativ	形 二者択一の，代わりになる
die **Notwendigkeit**	女 必要性，必需品 pl. die Notwendigkeiten
die **Not**：女 貧困，苦境，必要　**notwendig**：形 (どうしても)必要な，必然的な　**nötig**：形 必要な	
erforderlich	形 必要な
die **Wahrscheinlichkeit**	女 公算，見込み pl. die Wahrscheinlichkeiten
wahrscheinlich：副 おそらく	
meinetwegen	副 私のために，私としては〜してもかまわない

der **Empfang**	男 受け取り，歓迎パーティー pl. die Empfänge
empfangen：動 (〜⁴ を)受け取る，(客⁴ を)迎える　der/die **Empfänger/-in**：男女 受取人	
entgegen|kommen	動 (〜³ を)出迎える，(〜³ に…な態度で)接する，(〜³ の)意に沿う (s) 〔kam...entgegen - entgegengekommen〕
entgegen：前 〜³ に反して　副 〜³ へ向かって ⇒ p.276	

Ich habe keine Ahnung, warum er den Vorschlag abgelehnt hat.

なぜ彼がその提案を拒否したのかまったく分かりません。

Einige Bewohner weigern sich auszuziehen.

何人かの住人は退去を拒んでいます。

Es ist dringend notwendig, alternative Lösungen für dieses Problem zu finden.

この問題に対する代わりになる解決策を見つけることがすぐさま必要です。

Wäre die Notwendigkeit solcher Maßnahmen erkannt worden, hätte es keine Opfer gegeben.

もしそのような対策の必要性が認識されていたら犠牲者は出なかったでしょう。

Für diese Arbeitsstelle sind sowohl Französisch- als auch Englischkenntnisse erforderlich.

この職に就くためにはフランス語と英語の両方の知識が必要です。

Aller Wahrscheinlichkeit nach besuche ich meine Großeltern am ersten Weihnachtsfeiertag.

たぶん，私は 12 月 25 日に祖父母を訪問します。

aller Wahrscheinlichkeit nach：十中八九は

der Weihnachtsfeiertag：クリスマスの祝日（12/25 と 12/26）

Kannst du mir mal dein Motorrad leihen?—Meinetwegen!

ちょっとバイク貸してもらえる？──かまわないよ。

Für die Prinzessin wurde ein großer Empfang am Flughafen geplant.

王女のために空港での盛大な歓迎セレモニーが計画されました。

Wir werden uns bemühen, Ihren Wünschen entgegenzukommen.

あなたのご希望に添えるように努めさせていただきます。

gastfreundlich	形 もてなしのよい
	der **Gast**：男 客，来客　**freundlich**：形 親切な（友好的な）
die **Gastfreundschaft**	女 客をもてなすこと *pl.* die Gastfreundschaften
	die **Freundschaft**：女 友情
die **Aufnahme**	女 受け入れ，撮影 *pl.* die Aufnahmen
	auf|nehmen：動（～⁴を）受け入れる，録音（録画・撮影・記録）する
akzeptieren	動（～⁴を）受け入れる
der **Zugang**	男 立ち入り，入り口，近づくすべ *pl.* die Zugänge
	der **Ausgang**：男 出口　der **Eingang**：男 入り口
zugänglich	形（建物などが）立ち入りできる， （情報などが）自由に利用できる， （内容が）理解しやすい
der **Kontakt**	男 接触，連絡 *pl.* die Kontakte
der **Treffpunkt**	男 待ち合わせ場所 *pl.* die Treffpunkte **treffen**：動（～⁴に）会う
die **Rache**	女 復讐
sich rächen	動（an ～³に）復讐する

Die Gäste aus Japan sind gastfreundlich aufgenommen worden.

その日本からの客たちは手厚く迎え入れられました。

Wir bedanken uns herzlich für Ihre Gastfreundschaft.

手厚いおもてなしに心から感謝いたします。

Die Aufnahme von Geflüchteten ist von einem Teil der Bevölkerung abgelehnt worden.

難民の受け入れは一部の住民に拒否されました。

der/die Geflüchtete：難民

Ich kann Ihre Bedingungen leider nicht akzeptieren.

残念ながらあなたの条件は受け入れられません。

Nur registrierte Benutzer haben Zugang zu diesem Artikel.

登録したユーザーだけがこの記事にアクセスできます。

registrieren：登録する

Die Daten sind öffentlich zugänglich.

このデータは一般公開されています。

Ich habe immer noch Kontakt zu einigen meiner Freunde aus der Grundschule.

私は数人の小学校時代の友人たちとまだ付き合いがあります。

Dieses Café war unser Treffpunkt, wo wir uns unterhalten oder zusammen Hausaufgaben gemacht haben.

この喫茶店は私たちの待ち合わせ場所でした。ここでおしゃべりしたり一緒に宿題をしたりしました。

Im Roman geht es um die Rache eines Ehepaars.

その小説はある夫婦の復讐の話です。

Er hat sich an denen, die ihn beleidigt hatten, gerächt.

彼は自分を侮辱した人たちに復讐しました。

der **Kompromiss**	男 妥協　　まれに das Kompromiss *pl.* die Kompromisse
zurecht|kommen	動 (mit ~³ と) うまくやっていく (s) [kam...zurecht - zurechtgekommen] **zurecht-**：正しく，適切に
um|gehen	動 (うわさなどが) 広まる，(病気な どが) 広がる，(mit ~³ を) 扱う (s) [ging...um - umgegangen]
aus|leihen	動 (~³ に ~⁴ を) 貸す，**sich** ³ (~⁴ を bei ~³ ／ von ~³ から) 借りる [lieh...aus - ausgeliehen] **leihen**：動 (~³ に ~⁴ を) 貸す　⇔ **zurück|geben**：動 (~⁴ を) 返す
gegenseitig	形 相互の die **Seite**：女 側，ページ
dank	前 ~² または ~³ のおかげで **danken**：動 (~³ に) 感謝する　**dankbar**：形 感謝している
beeinflussen	動 (~⁴ に) 影響を与える der **Einfluss**：男 影響
faszinieren	動 (~⁴ を) 魅了する
auf|fallen *	動 目立つ　　du fällst...auf er fällt...auf (s) [fiel...auf - aufgefallen]
auffällig	形 目立つ，奇妙な

Dieser Kompromiss hilft beiden Seiten.

この妥協は双方を助けるものです。

Es ist für ihn schwierig, mit seinen Kollegen zurechtzukommen.

彼にとって同僚とうまくやっていくことは難しいです。

Die Grippe geht jetzt in den Großstädten um.

インフルエンザはいま，大都市で流行しています。

Er weiß, wie man mit Kindern umgeht.

彼は子どもの扱い方を心得ています。

Ich gehe jetzt in die Bibliothek, um mir einige Reiseführer auszuleihen.

これから私は旅行のガイドブックを数冊借りに図書館へ行きます。

Die Leute, die diese Katastrophe überlebt haben, helfen sich immer noch gegenseitig.

この災害で生き延びた人たちはいまもなおお互い助け合っています。

Dank eurer Hilfe konnte ich meine Arbeit schneller erledigen.

君たちが手伝ってくれたおかげで仕事をより速く片付けることができた。

Die Schriften des Philosophen beeinflussten ihre Gedanken stark.

その哲学者の著作は彼女の思想に大きな影響を与えました。

Ich bin völlig fasziniert von diesem afrikanischen Instrument.

私はこのアフリカの楽器にすっかり魅了されています。

In ihrem goldenen Kleid fällt sie in der Menge auf.

金色のドレスを着た彼女は大勢の中で目立っています。

Von Weitem ist er leicht zu erkennen, denn er trägt einen sehr auffälligen Mantel.

彼は遠くからでもすぐ分かります。非常に目立つコートを着ているからです。

die **Reaktion**	**女** 反応 **pl.** die Reaktionen **reagieren**：**動** (auf ~⁴ に)反応する
die **Wirkung**	**女** 作用，（人に与える）印象 **pl.** die Wirkungen
wirken	**動** 作用する，（薬などが）効く
wirksam	**形** 効果のある

🎧 **日常生活**

der **Alltag**	**男** 日常(生活)
der **Haushalt**	**男** 家政，世帯 **pl.** die Haushalte **halten**：**動** 止まる，（~⁴ をある状態に)保つ
der **Luxus**	**男** ぜいたく
die **Gewohnheit**	**女** 習慣 **pl.** die Gewohnheiten **gewöhnlich**：**形** ふつうの，日常の　**sich gewöhnen**：**動** (an ~⁴ に)慣れる
gewohnt	**形** いつもの，（~⁴ に)慣れている
üblich	**形** 普通の，通常の **üben**：**動** (~⁴ を)練習する　die **Übung**：**女** 練習

60

Die Reaktionen der Länder auf die Äußerungen des EU-Vorsitzenden waren unterschiedlich.

EU 議長の発言に対する各国の反応はさまざまでした。

Die Warnungen des Politikers hatten keine Wirkung auf die Bevölkerung.

その政治家の警告は住民に何のインパクトも与えませんでした。

Bist du erkältet? Dieses Mittel gegen Erkältung wirkt am besten.

風邪をひいているの？　この風邪薬が一番効くよ。

Das scheint keine sehr wirksame Methode zu sein.

それはとても効果的といえる方法のようには思えません。

Das Thema dieser Fotoausstellung ist das Alltagsleben in Großstädten.

この写真展のテーマは大都市の日常生活です。

Die Zahl der Haushalte in dieser Stadt nimmt allmählich ab.

この町の世帯数は徐々に減っています。

Manche Menschen streben nach immer mehr Luxus.

よりいっそうのぜいたくを求める人たちもいます。

Er hat die Gewohnheit, in der Badewanne zu lesen.

彼にはお風呂で読書する習慣があります。

Ich bin es immer noch nicht gewohnt, abends zu duschen.

私はいまだに夜にシャワーを浴びることに慣れていません。

In Deutschland ist es üblich, mittags eine warme Mahlzeit zu sich zu nehmen.

ドイツでは昼に温かい食事をとることが普通です。

traditionell	形 伝統的な
	die **Tradition**：女 伝統
der **Gebrauch**	男 （単数で）使用，（複数で）風習
	pl. die Gebräuche
	gebrauchen：動（〜⁴を）使用する
verbringen	動 （時⁴を）過ごす
	〔verbrachte － verbracht〕
der **Schlaf**	男 睡眠
	schlafen：動 眠る
aus|schlafen*	動 十分に睡眠をとる
du schläfst...aus er schläft...aus	〔schlief...aus － ausgeschlafen〕
verschlafen*	動 寝過ごす
	〔verschlief － verschlafen〕 a→ä
faulenzen	動 怠ける，のんびり過ごす
	faul：形 怠惰な
der **Abfall**	男 ごみ
	pl. die Abfälle
	der **Müll**：男 ごみ
die **Tonne**	女 トン（重量単位），ドラム缶
	pl. die Tonnen
der **Fleck**	男 しみ，汚れ，汚点
	pl. die Flecken

Heute wird Ihnen ein traditionelles Abendessen der Region serviert.	今日はこの地方の伝統的な夕食を提供いたします。
Ich suche ein Buch, das die deutschen Sitten und Gebräuche beschreibt.	ドイツの風俗習慣について書かれている本を探しています。
Ich habe meinen Urlaub in Spanien verbracht.	私は休暇をスペインで過ごしました。
Guter Schlaf ist wichtig für die Gesundheit.	良質な睡眠は健康のために重要です。
Ich habe endlich richtig ausgeschlafen und fühle mich darum sehr wohl.	私はようやくちゃんと十分に眠れたので，とても気分がいいです。
Weil mein Wecker nicht geklingelt hat, habe ich verschlafen und den Bus verpasst.	目覚ましが鳴らなかったので寝過ごしてしまいバスに乗り遅れました。
Heute habe ich den ganzen Tag zu Hause verbracht, nur gefaulenzt und ferngesehen.	今日は一日中家で過ごしました。のんびりしたりテレビを見たりしただけです。
Die Bioabfälle gehören in die Biotonne.	生ごみは生ごみ容器に入れましょう。 Bio... : 生物の，自然の
In welche Mülltonne gehören leere Flaschen?	空き瓶はどの（大型の）ゴミ容器に入れたらいいですか。
Diese Tischdecke hat Tintenflecken und sogar Löcher.	このテーブルクロスにはインクのシミがあり，その上穴まで開いています。

| der **Imbiss** | 男 軽食，軽食店 |
| | *pl.* die Imbisse |

die **Gaststätte**	女 レストラン
	pl. die Gaststätten
	der **Gast**：男 客，来客

| **bedienen** | 動 (〜⁴に)給仕する，**sich** 自分で取って食べる(飲む) |
| | die **Bedienung**：女 サービス，給仕　**dienen**：動 (〜³に)仕える，(〜³の)役に立つ ⇒ p.184 |

| die **Portion** | 女 (飲食物の)一人前 |
| | *pl.* die Portionen |

der **Gang**	男 歩き方，歩くこと，動き，経過，通路，コースの一品
	pl. die Gänge
	der **Ausgang**：男 出口　der **Eingang**：男 入り口

im Gang(e) sein：進行中である

| die **Scheibe** | 女 スライス，窓ガラス |
| | *pl.* die Scheiben |

| der **Schluck** | 男 (飲み物の)一口 |
| | *pl.* die Schlucke |

| **schlucken** | 動 (食べものなど⁴を)飲み込む |

der/die **Vegetarier/-in**	男 女 ベジタリアン
	pl. die Vegetarier/-innen
	vegetarisch：形 菜食主義の

Ich war hungrig und habe mir deshalb in einem Imbiss einen Döner gekauft.

おなかがすいたので軽食店でケバブを買いました。

(der Döner：ケバブ)

Ich jobbe im Sommer in einer Gaststätte am See.

私は夏に湖畔のレストランでアルバイトをします。

Werden Sie schon bedient?

もうご用をうかがっていますか。

Bitte, bedienen Sie sich!

ご自由にお取りください。

Selbst eine kleine Portion war für mich schon zu viel.

少量の一人前でも私には量が多すぎました。

Als erster Gang wird entweder ein Salat oder eine Suppe Ihrer Wahl serviert.

一皿目としてサラダかスープかお選びになった方が提供されます。

Morgens esse ich ein Brötchen, ein paar Scheiben Schinken und ein Spiegelei.

朝はパンと数枚のスライスしたハムと目玉焼きを食べます。

Ich bin durstig und deshalb brauche ich jetzt einen Schluck Wasser.

のどが渇いているので，いま水が一口必要です。

Tabletten musst du immer mit Wasser schlucken!

錠剤はいつも水と一緒に飲まなきゃだめだよ。

In Japan gibt es weniger Vegetarier als in Deutschland.

日本はドイツよりもベジタリアンが少ないです。

das **Lebensmittel**	中 食料品
	pl. die Lebensmittel
	leben：動 住む，生きている

| das **Müsli** | 中 ミュースリ（オートミール，ドライフルーツ，ナッツなどをまぜたもの） |
| | *pl.* die Müslis |

| der **Knödel** | 男 クネーデル（肉・じゃがいもなどの団子） |
| | *pl.* die Knödel |

das **Hähnchen**	中 若鶏　　Hahn（オンドリ）の縮小形
	pl. die Hähnchen
	das **Huhn**：中 ニワトリ

| das **Rind** | 中 牛 |
| | *pl.* die Rinder |

| das **Kalb** | 中 子牛 |
| | *pl.* die Kälber |

| das **Hackfleisch** | 中 ひき肉 |
| | **hacken**：動 (肉など⁴を)切り刻む |

das **Spiegelei**	中 目玉焼き
	pl. die Spiegeleier
	der **Spiegel**：男 鏡　das **Ei**：中 卵

| die **Muschel** | 女 貝 |
| | *pl.* die Muscheln |

| der **Spinat** | 男 ホウレンソウ |
| | *pl.* die Spinate |

Am Nachmittag fahre ich in die Stadt, um Lebensmittel einzukaufen.

午後は食料品を買いに街に出かけます。

Sie isst jeden Morgen Müsli und trinkt dazu Kräutertee.

彼女は毎朝ミュースリを食べハーブティーを飲みます。

Heute Abend gibt es Entenbraten mit Kartoffelknödeln.

今日の晩御飯はカモのローストとじゃがいものクネーデル（団子）です。

Ich habe auf dem Markt als Mittagessen ein halbes gebratenes Hähnchen gekauft.

私は市場で昼食用にローストチキンのハーフを買いました。

Welche Rindfleischgerichte können Sie mir empfehlen?

牛肉料理はどれがお勧めですか。

Mein Lieblingsgericht ist Kalbsschnitzel.

私の好きな料理は子牛のシュニッツェルです。

Für dieses Gericht brauchen wir noch 500 Gramm Hackfleisch und zwei Zwiebeln.

この料理にはあとひき肉500グラムと玉ねぎ2個が必要です。

Die Mutter macht drei Spiegeleier und serviert sie den Kindern zum Frühstück.

母親は目玉焼きを3つ作り，それを子どもたちに朝食として出します。

Ich habe in Brüssel einen Eimer Muscheln mit Pommes gegessen.

私はブリュッセルでバケツ一杯のムール貝とフライドポテトを食べました。

Spinat wird oft mit Fleischgerichten gegessen.

ほうれん草はしばしば肉料理とともに食されます。

der **Kopfsalat**

男 レタス
pl. die Kopfsalate

die **Möhre/Karotte**

女 ニンジン
pl. die Möhren/die Karotten

der **Kürbis**

男 カボチャ
pl. die Kürbisse

der **Rettich**

男 ダイコン
pl. die Rettiche

die **Bohne**

女 豆
pl. die Bohnen

die **Aprikose**

女 アンズ
pl. die Aprikosen

die **Himbeere**

女 ラズベリー
pl. die Himbeeren
die **Erdbeere**：女 イチゴ

die **Heidelbeere**

女 ブルーベリー
pl. die Heidelbeeren

die **Pflaume**

女 プラム
pl. die Pflaumen

Ich bin auf den Markt gegangen, um frischen Kopfsalat und Blumenkohl zu kaufen.	私は新鮮なレタスとカリフラワーを買うために市場へ行きました。
Der Karottenkuchen, den ich kürzlich meinen Freunden serviert habe, war ein großer Erfolg.	この間友人たちにふるまったニンジンケーキは大成功でした。
In Deutschland wird die Kürbissorte Hokkaido verkauft.	ドイツではホッカイドウという品種のかぼちゃが売られています。
Dieser Rettichsalat ist mit Essig, Salz, Pfeffer und Öl zubereitet und sehr gesund.	このダイコンのサラダはお酢と塩とコショウと油で調理されており，とてもヘルシーです。
Auf der Speisekarte stehen auch mehrere Suppen, z.B. Bohnensuppe.	メニューにはいくつかスープも載っています，例えば豆のスープ。
Meine Großmutter macht jedes Jahr Marmelade aus den Aprikosen in ihrem Garten.	私の祖母は毎年庭のアンズでジャムを作ります。
Käsekuchen mit Himbeersoße schmeckt köstlich.	ラズベリーソースがかかったチーズケーキはおいしいです。

köstlich：おいしい

Manche Deutschen pflücken ihre Heidelbeeren im Wald selbst.	一部のドイツ人たちは森でみずからブルーベリーを摘みます。
Zum Nachtisch gibt es eine Auswahl an Obst, wie zum Beispiel Bananen, Kirschen, Trauben, Pflaumen und Birnen.	デザートにはさまざまなフルーツがあります。例えばバナナ，サクランボ，ブドウ，プラム，洋ナシなど。

die **Ananas**	女 パイナップル
	pl. die Ananas

die **Mandel**	女 アーモンド
	pl. die Mandeln

die **Nuss**	女 ナッツ，クルミ
	pl. die Nüsse

die **Rosine**	女 レーズン
	pl. die Rosinen

das **Mehl**	中 小麦粉
	pl. die Mehle

der **Teig**	男 パンなどの生地
	pl. die Teige

das **Gebäck**	中 クッキー(オーブンで焼いた菓子)
	gebacken < backen：動 (パン・ケーキなど⁴を)焼く

der **Keks**	男 ビスケット，クッキー
	pl. die Kekse

die **Torte**	女 トルテ
	pl. die Torten

der **Honig**	男 はちみつ
	pl. die Honige

Schnitzel mit einer Scheibe Ananas drauf heißt Schnitzel Hawaii.

輪切りのパイナップルがのったシュニッツェルはシュニッツェルハワイと言います。

Diese weiße Süßigkeit heißt Marzipan und wird aus Mandeln hergestellt.

この白い甘いものはマジパンといい, アーモンドから作られます。

Zu Weihnachten bekommen die Kinder in Deutschland Walnüsse.

die Walnuss : クルミ

クリスマスにドイツの子どもたちはクルミをもらいます。

In diesem Stollen sind viele Rosinen und deshalb schmeckt er köstlich.

このシュトレン (クリスマス用のケーキ) にはレーズンがたっぷり入っておいしいです。

Ein Pfund Mehl in eine Schüssel geben.

ボウルに 500 グラムの小麦粉を入れます。

Hier stehen einige Tipps für die Zubereitung von Kuchenteig.

ケーキの生地の作り方のいくつかのヒントがここに載っています。

Sie ist mit einer Schachtel voller selbstgebackenen Gebäcks zu uns nach Hause gekommen.

彼女は手作りのクッキーがいっぱい入った箱を持ってうちにやって来ました。

Die Kinder waren begeistert von den verschiedenen Formen der Kekse.

子どもたちはいろいろな形のビスケットに大喜びしました。

Möchtest du ein Eis oder ein Stück Torte mit Früchten aus dem Garten?

アイスがいい？　それとも庭でとれたフルーツの入ったトルテがいい？

Zum Frühstück esse ich Pfannkuchen mit Honig und Butter drauf.

朝食には, はちみつとバターがのったパンケーキを食べます。

die **Soße**	女 ソース
	pl. die Soßen

der **Senf**	男 マスタード
	pl. die Senfe

das **Gewürz**	中 香辛料
	pl. die Gewürze

würzig	形 薬味のきいた，スパイシーな

saftig	形 汁気の多い，みずみずしい
	der **Saft**：男 ジュース

salzig	形 塩辛い
	das **Salz**：中 塩

haltbar	形 長持ちする
	sich **halten**：動 長持ちする

der **Sekt**	男 スパークリングワイン
	pl. die Sekte

der **Schnaps**	男 シュナップス（ブランデーなどの アルコール度数の高い蒸留酒）
	pl. die Schnäpse

die **Limonade**	女 レモネード（炭酸の入ったソフト ドリンク）
	pl. die Limonaden
	die **Zitrone**：女 レモン

Wie heißt die gelbe Soße auf diesem Spargel?

このアスパラガスにかかっている黄色いソースはなんという名前ですか。

Ich esse meine Würstchen mit viel Senf.

私はソーセージにたっぷりマスタードをつけて食べます。

Der Geschmack dieser Kekse ist wegen ihrer verschiedenen Gewürze sehr gut.

このビスケットの味はさまざまな香辛料が入っているためとてもいいです。

Zu diesem würzigen Käse passt ein trockener Wein am besten.

このスパイシーなチーズには辛口のワインが一番合います。

Dieser Zitronenkuchen ist so saftig und schmeckt super lecker!

このレモンケーキはとてもジューシーでとびきりおいしいです。

Dieser Käse ist salzig, und passt deshalb gut zu Bier.

このチーズは塩辛く、それゆえビールによく合います。

Diese Süßigkeiten sind lange haltbar und daher auch als Geschenk geeignet.

このお菓子は長持ちするので贈り物にも向いています。

Beginnen wir mit einem Glas Sekt?

スパークリングワインで始めましょうか。

Schnaps hat um die 40 Prozent Alkohol.

シュナップスは40度くらいのアルコールを含んでいます。

Dieses rosa Getränk ist Himbeerlimonade.

このピンク色の飲み物はラズベリー果汁入りのソフトドリンクです。

| das **Fass** | 中 樽 |
| | *pl.* die Fässer |

| **schälen** | 動 (〜⁴の)皮をむく |
| | die **Schale**：女 皮，殻 |

| **mischen** | 動 (〜⁴を)混ぜる |

| **vermischen** | 動 (〜⁴を mit 〜³と)混ぜる |

| **rühren** | 動 (手足など⁴を)動かす，(液状のもの⁴を)かき混ぜる |

| **streichen** | 動 (〜⁴を)塗る，なでる |
| | 〔strich - gestrichen〕 |

| **kühlen** | 動 (〜⁴を)冷やす |
| | **kühl**：形 涼しい |

| **gießen** | 動 (〜⁴を)注ぐ |
| | 〔goss - gegossen〕 |

| **zu|bereiten** | 動 (食物⁴を)調理する |
| | **bereit**：形 準備のできた　**bereiten**：動 (食事など⁴を)用意する，作る |

| **servieren** | 動 (飲食物など⁴を)出す，食卓に運ぶ |

Dieser Biergarten bietet eine Auswahl an lokalen Bieren vom Fass.	このビアガーデンは地元のさまざまな樽生ビールを提供しています。
Heute machen wir Pommes frites, also schälen wir zuerst die Kartoffeln.	今日はフライドポテトを作るので，まずじゃがいもの皮をむきましょう。
Die Nüsse unter den Brotteig mischen.	ナッツをパン生地に混ぜます。
Im Gegensatz zu dir möchte ich meinen Whisky nicht mit Wasser vermischen.	君と違って私はウイスキーを水で割りたくない。
Zum Schluss die Eier in die Suppe rühren.	最後に卵をスープにかき混ぜながら入れます。
Papa, kannst du mir Butter aufs Brot streichen?	パパ，パンにバターを塗ってくれない？
Im Kühlschrank steht ein gut gekühltes Bier für dich.	冷蔵庫に君のためのよく冷えたビールがあるよ。
Der Kellner hat mir Wein ins Glas gegossen.	ウエイターは私のグラスにワインを注ぎました。
Ich bereite heute Abend für meine Familie ein Eisbein zu.	私は今晩家族のためにアイスバイン（塩づけにした豚の脚をゆでた料理）を調理します。
Zuerst wird eine heiße Suppe serviert, dann ein Salat.	まず温かいスープが，そのあとサラダが出されます。

die **Serviette**	女 (食事用の)ナプキン
	pl. die Servietten

das **Besteck**	中 カトラリー(ナイフ・フォーク・スプーンのセット)
	pl. die Bestecke
	stecken：動 (〜⁴を〜へ)差し込む

ab|spülen	動 (食器など⁴をすすいで)洗う
	spülen：動 (〜⁴を)すすぐ，洗う

012 衣服・身だしなみ

modisch	形 流行の
	die **Mode**：女 流行　**modern**：形 現代的な，モダンな

das **Kostüm**	中 (女性の)スーツ，仮装衣装
	pl. die Kostüme

der **Badeanzug**	男 (ワンピースの)水着
	pl. die Badeanzüge
	der **Anzug**：男 スーツ

der **Handschuh**	男 手袋
	pl. die Handschuhe

die **Unterwäsche**	女 下着類
	die **Wäsche**：女 洗濯，洗濯物

das **Waschmittel**	中 (洗濯用)洗剤
	pl. die Waschmittel
	die **Waschmaschine**：女 洗濯機

Ich habe Gäste zu Besuch und möchte ein paar hübsche Servietten besorgen.

お客さんが来るのですてきなナプキンをいくつか調達したいです。

Am Wochenende kommen Verwandte zu uns, aber wir haben vielleicht nicht genug Besteck.

週末親戚が来るのですがカトラリーが足りないかもしれません。

Spül deinen Teller ab, bevor du dir die Zähne putzt!

歯を磨く前に自分のお皿を洗いなさい。

Er trägt immer modische Kleidung und hat auch eine modische Frisur.

彼はいつも流行の服を着て流行のヘアスタイルをしています。

die Frisur：ヘアスタイル

Am Karneval sieht man Menschen in den verschiedensten Kostümen.

カーニバルでは，きわめて多様な仮装衣装を着た人たちを目にします。

Ich brauche einen neuen Badeanzug, weil ich am Sonntag mit meinen Freunden ins Schwimmbad gehe.

日曜日に友だちとプールに行くので新しい水着が必要です。

Heute ist es draußen kalt, also solltest du Handschuhe anziehen.

今日外は寒いので手袋をしていったほうがいいよ。

Hast du auch deine Unterwäsche in den Koffer gepackt?

下着もスーツケースに詰めた？

Diese Hose darfst du nur mit diesem Waschmittel waschen.

このズボンはこの洗剤でしか洗っちゃダメだよ。

bügeln	動 (〜⁴に) アイロンをかける
	das **Bügeleisen** : 中 アイロン
kämmen	動 (髪⁴を) くしでとかす
der **Kamm**	男 くし
	pl. die Kämme
der **Edelstein**	男 宝石
	pl. die Edelsteine
	edel : 形 高級な，気高い ⇒ p.266
das **Parfüm**	中 香水
	pl. die Parfüms

🎧 **買い物**
013

shoppen	動 買い物をする
	einkaufen gehen : 動 買い物に行く **Einkäufe machen** : 買い物をする
sich um|sehen*	動 見回す，見て回る
	〔sah…um - umgesehen〕
	du sieht…um er sieht…um
ausverkauft	形 売り切れの
	verkaufen : 動 (〜⁴を) 売る
die **Konditorei**	女 (喫茶店を兼ねた) ケーキ屋
	pl. die Konditoreien
die **Metzgerei, Fleischerei**	女 肉屋
	pl. die Metzgereien/Fleischereien

Mein Mann bügelt nicht nur seine Hemden, sondern auch meine Blusen.	私の夫は自分のシャツだけでなく私のブラウスにもアイロンをかけます。
Sie schminkte sich und kämmte sich dann sorgfältig die Haare.	彼女は化粧をし，それから念入りに髪をとかしました。
Ich habe mehrere Kämme, aber diesen Holzkamm benutze ich am häufigsten.	私はいくつかくしを持っていますが，この木のくしを一番よく使います。
Sie trägt immer einen Ring mit einem großen roten Edelstein.	彼女はいつも大きな赤い宝石がついた指輪をしています。
Der Duft ihres Parfüms liegt noch immer im Raum.	彼女の香水の香りがいまだに部屋に漂っています。
Wenn ich eine Tasse Kaffee getrunken habe, werde ich shoppen gehen.	コーヒーを1杯飲んだら買い物に行くつもりです。
Kann ich Ihnen helfen? —Nein, danke. Ich sehe mich nur kurz um.	お手伝いしましょうか。—いいえ，結構です。ちょっと見て回っているだけです。
Diese Lederhandtaschen sind sehr beliebt und werden wohl bald in allen Geschäften ausverkauft sein.	この革製ハンドバッグは大変人気でまもなく全店舗で売り切れとなるでしょう。
Ich kaufe Apfelkuchen nur in dieser Konditorei.	私はアップルケーキをこのケーキ屋でしか買いません。
Schinken und Fleisch kaufe ich in der Fleischerei/Metzgerei an der Ecke.	ハムと肉は角の肉屋で買います。

die **Drogerie**	女 ドラッグストア
	pl. die Drogerien
	die **Apotheke**：女 薬局

das **Schaufenster**	中 ショーウインドー
	pl. die Schaufenster
	schauen：動 (〜の方を)見る

die **Marke**	女 券, ブランド
	pl. die Marken

die **Packung**	女 (包装した)一包み
	pl. die Packungen

das **Mobiltelefon**	中 携帯電話
	pl. die Mobiltelefone
	das **Handy**：中 携帯電話(＝das Smartphone)

die/das **App**	女 中 アプリ
	pl. die Apps

dabeil**haben*** du hast...dabei er hat...dabei	動 (〜⁴を)持ち合わせている
	〔hatte...dabei － dabeigehabt〕
	dabei：動 そのそばに, その際に

die **Matratze**	女 マットレス
	pl. die Matratzen

das **Kissen**	中 クッション, 枕
	pl. die Kissen

das **Handtuch**	中 タオル
	pl. die Handtücher
	das **Taschentuch**：中 ハンカチ

In Drogerien werden auch Getränke und Lebensmittel verkauft.

ドラッグストアでは飲み物や食料品も売られています。

Auf unserem Spaziergang sind wir an vielen Schaufenstern vorbeigekommen.

私たちは散歩の途中で多くのショーウインドーの前を通りました。

Die Taschen dieser Marke sind von guter Qualität und relativ günstig.

このブランドのカバンは品質がよく比較的割安です。

Ich habe auf dem Markt eine Packung Erdbeeren, zwei Kilo Orangen und 200 Gramm Käse gekauft.

市場でいちご1パック，オレンジ2キロとチーズ200グラムを買いました。

Schalten Sie hier bitte Ihr Mobiltelefon aus.

ここでは携帯電話の電源を切ってください。

Das ist eine kostenlose App für das Smartphone.

これはスマホ用の無料のアプリです。

Hast du vielleicht einen Stift und einen Zettel dabei? Ich möchte eine Nachricht hinterlassen.

もしかしてペンと紙を持ってる？　書き置きをしたいんだ。

Ich bevorzuge eher eine harte Matratze.

私はどちらかというと固いマットレスのほうが好きです。

Auf dem Sofa im Zimmer meiner Tochter liegen bunte Kissen.

娘の部屋のソファーにはカラフルなクッションが置いてあります。

Sind die Handtücher in diesem Korb sauber?

このかごの中にあるのはきれいなタオルですか。

| der **Papierkorb** | 男 紙くずかご |
| | *pl.* die Papierkörbe |

| der **Eimer** | 男 バケツ |
| | *pl.* die Eimer |

| der **Aschenbecher** | 男 灰皿 |
| | *pl.* die Aschenbecher |

die **Asche**：女 灰　der **Becher**：男（主に取っ手や脚のない）グラス，コップ

| der **Beutel** | 男 （小さな）袋，財布 |
| | *pl.* die Beutel |

der **Geldbeutel**：男 財布　das **Portemonnaie/Portmonee**：中 財布

| das **Lineal** | 中 定規 |
| | *pl.* die Lineale |

| der **Umschlag** | 男 封筒，（本などの）カバー |
| | *pl.* die Umschläge |

| die **Schachtel** | 女 （ボール紙製などのふた付きの）箱 |
| | *pl.* die Schachteln |

der **Kasten**：男 箱

| die **Kiste** | 女 （木）箱 |
| | *pl.* die Kisten |

| der **Kranz** | 男 （花・枝などを編んで作った）花輪 |
| | *pl.* die Kränze |

| der **Strauß** | 男 花束 |
| | *pl.* die Sträuße |

Dieser Papierkorb ist klein und deswegen schnell voll.

この紙くずかごは小さいのですぐにいっぱいになります。

Eine Katze trinkt Wasser aus einem Eimer im Garten.

一匹の猫が庭にあるバケツから水を飲んでいます。

Könnten Sie mir bitte einen Aschenbecher bringen?

灰皿を持ってきていただけますか。

Bring bitte den Beutel mit der Wäsche zur Reinigung.

洗濯物が入った袋をクリーニング店に持っていって。

Die Schüler haben Lineale benutzt, um gerade Linien zu zeichnen.

生徒たちは直線を引くために定規を使いました。

Ich habe den Umschlag mit meinem Lebenslauf fallen lassen.

履歴書の入った封筒を落としてしまいました。

Sind in der Schachtel Bonbons oder Pralinen?

その箱の中はアメですか，プラリーネ（クリーム・ナッツなどが入ったチョコレート）ですか。

Ein Freund, der in der Landwirtschaft arbeitet, hat mir eine Kiste Kartoffeln geschickt.

農家をしている友人がじゃがいも1箱を送ってくれました。

Alle vier Kerzen des Adventskranzes sind angezündet.

アドベントのリースの4本のろうそくすべてに火がともされています。

In der Küche hängen mehrere Kräutersträuße und Knoblauch.

台所にはいくつかのハーブの束とニンニクが吊るしてあります。

016 **digital**	⑱ デジタルの
der **Bildschirm**	男 (テレビ・コンピューターなどの)画面, ディスプレー *pl.* die Bildschirme
der **Drucker**	男 プリンター *pl.* die Drucker

drucken：動 (~⁴を)印刷する　der **Druck**：男 圧力, 圧迫, 印刷 ⇒ p.234

kopieren	動 (~⁴を)コピーする
der **Kopierer**/ das **Kopiergerät**	男/中 コピー機 *pl.* die Kopierer/Kopiergeräte
herunter|laden*	動 (~⁴を)ダウンロードする 〔lud...herunter - heruntergeladen〕

du lädst...herunter
er lädt...herunter

hoch|laden*	動 (~⁴を)アップロードする 〔lud...hoch - hochgeladen〕

du lädst...hoch
er lädt...hoch

installieren	動 (~⁴を)インストールする
speichern	動 (データなど⁴を)保存する

der **Speicher**：男 倉庫 ⇒ p.150

klicken	動 クリックする, カチッと音を立てる

„Bildung im digitalen Zeitalter" ist das Thema der heutigen Diskussion.

「デジタル時代における教育」が今日の議論のテーマです。

Dieser Bildschirm ist groß und deswegen ist der Text gut lesbar.

この画面は大きいので文字が読みやすいです。

Morgen muss ich mir einen neuen Drucker kaufen.

あす新しいプリンターを買わなければなりません。

Ich werde nun die Unterlagen für die Sitzung kopieren.

私はこれから会議用の資料をコピーします。

Dieser Kopierer ist defekt und muss deshalb sofort repariert werden.

このコピー機は故障しているのですぐに修理しないといけません。

Ich habe die Datei aus dem Internet heruntergeladen.

die Datei：データファイル

私はインターネットからそのファイルをダウンロードしました。

Die Fotos von meiner Reise habe ich in meine sozialen Netzwerke hochgeladen.

私は旅の写真を SNS にアップロードしました。

das Netzwerk：ネットワーク

Ich habe eine neue Software auf meinem Computer installiert.

私は自分のパソコンに新しいソフトをインストールしました。

Ich habe wichtige Daten in einer Cloud gespeichert.

die Cloud：クラウド

私は重要なデータをクラウドに保存しました。

Klicken Sie mit der rechten Maustaste.

右クリックしてください。

85

| die **Tastatur** | 女 キーボード |
| | *pl.* die Tastaturen |

| die **Taste** | 女 キー，押しボタン |
| | *pl.* die Tasten |

| **tippen** | 動 (〜⁴を)タイプで打つ |

| der **Apparat** | 男 器具，電話機 |
| | *pl.* die Apparate |

die **Batterie**	女 バッテリー
	pl. die Batterien
	der **Akku**：男 蓄電池

| das **Kabel** | 中 ケーブル |
| | *pl.* die Kabel |

die **Funktion**	女 機能，職務
	pl. die Funktionen
	funktionieren：動 機能する

die **Verwendung**	女 使用，利用
	pl. die Verwendungen
	verwenden：動 (〜⁴を)利用する

kaputtlgehen	動 壊れる
	(s) 〔ging...kaputt - kaputtgegangen〕
	kaputt：形 壊れた

| **defekt** | 形 故障している，欠陥のある |

Auf der deutschen Tastatur befindet sich das Y links unten.	ドイツ語のキーボードでは Y は左下にあります。
Wenn der Inhalt korrekt ist, drücken Sie bitte diese Taste.	内容が正しければこのボタンを押してください。
Er tippt schnell, macht aber viele Fehler.	彼はタイプは早いですがミスが多いです。
Bleiben Sie am Apparat!	電話を切らずにそのままお待ちください。
Ich habe vergessen, die Batterie aufzuladen.	私はバッテリーを充電するのを忘れました。

auflladen：（バッテリーなど⁴に）充電する

Steck bitte das Kabel in mein Smartphone.	ケーブルを私のスマートフォンにさして。
Die Funktion dieser Taste ist mir nicht klar.	このボタンの機能が私には分かりません。
Seien Sie vorsichtig bei der Verwendung dieses Geräts.	この器機を使う際には注意してください。
Das alte Radio ist schließlich kaputtgegangen.	古いラジオがついに壊れました。
Dieser Computer lässt sich nicht einschalten. Er könnte defekt sein.	このコンピューターは電源が入りません。故障しているのかもしれません。

die **Reparatur**	女 修理
	pl. die Reparaturen
	reparieren：動（〜⁴を）修理する

der **Wohnsitz**	男 居住地，住所
	pl. die Wohnsitze
	der **Sitz**：男 座席，居所

| das **Zuhause** | 中 わが家，故郷 |

| **umgeben**★ | 動（〜⁴を）取り囲む　　e→i |
| | die **Umgebung**：女 周辺，周囲 |

das **Grundstück**	中 （一定区画の）土地
	pl. die Grundstücke
	der **Grund**：男 理由，基礎，土地

| der/die **Makler/-in** | 男 女 （不動産などの）仲介業者 |
| | *pl.* die Makler/-innen |

der/die **Mieter/-in**	男 女 賃借人，家主
	pl. die Mieter/-innen
	mieten：動（〜⁴を）賃借りする　die **Miete**：女 賃貸料

der/die **Vermieter/-in**	男 女 賃貸人
	pl. die Vermieter/-innen
	vermieten：動（〜⁴を）賃貸しする

ein|ziehen	動 入居する
	(s)〔zog...ein - eingezogen〕
	aus|ziehen：動（服など⁴を）脱ぐ，引っ越す

Die Reparatur dieser antiken Uhr wird drei Wochen dauern.	このアンティーク時計の修理には 3 週間かかるでしょう。
Er reist durch die ganze Welt und hat keinen festen Wohnsitz.	彼は世界中を旅行していて定住所がありません。
Dieses Hotel am Meer ist mein Zuhause für einen Monat.	海沿いのこのホテルが 1 か月間の私の家です。
Ich wohne in einem Haus, das von Bäumen umgeben ist.	私は木々に囲まれた家に住んでいます。
Auf diesem Grundstück soll eine Galerie gebaut werden.	この土地にはギャラリーが建てられる予定です。
Ich habe von diesem Makler ein Grundstück gekauft und darauf ein Haus gebaut.	私はこの不動産屋から土地を買い家を建てました。
Einige Mieter haben die Miete für diesen Monat noch nicht gezahlt.	数人の貸借人はまだ今月の家賃を払っていません。
Ich habe gerade die Miete an den Vermieter überwiesen.	私はたったいま，家賃を大家さんに振り込みました。
Wann kann ich in diese Wohnung einziehen?	いつこの住居に入居できますか。

der **Umzug**	男 引っ越し
	pl. die Umzüge
	um|ziehen：動 引っ越す

der **Bezirk**	男 区域，地区
	pl. die Bezirke

der **Vorort**	男 郊外
	pl. die Vororte

der **Rand**	男 ふち，へり
	pl. die Ränder

im Freien/ins Freie	屋外(で／へ)，自然の中(で／へ)

形容詞変化

lokal	形 ある地方の，一地方に限られた
	das **Lokal**：中 飲食店

設備・家具

möbliert	形 家具付きの
	die **Möbel**：複 家具

ein|richten	動 (住居・部屋など⁴に)家具調度を整える

die **Einrichtung**	女 家具調度
	pl. die Einrichtungen

aus|statten	動 (部屋など⁴に mit ～³を)備え付ける，設備する

Viele meiner Freunde haben mir beim Umzug geholfen.

たくさんの友人が引っ越しの際に手伝ってくれました。

In welchem Bezirk in Wien wohnen Sie?

ウィーンのどの地区にお住まいですか。

Meine Großeltern wohnen in einem Vorort von Stuttgart.

私の両親はシュトゥットガルトの郊外に住んでいます。

Die Fabrik befindet sich am Rande der Stadt.

その工場は町の外れにあります。

Bei schönem Wetter essen wir im Freien und gehen nachher im Grünen spazieren.

天気が良い日は屋外で食事をし，そのあと郊外へ散歩に行きます。

In dieser Zeitung stehen auch aktuelle lokale Nachrichten.

この新聞には最新のローカルニュースも載っています。

Ich würde gerne ein möbliertes Zimmer mieten.

家具付きの部屋を借りたいのですが。

Sein Zimmer ist elegant, schick eingerichtet und auch sehr hell.

彼の部屋は上品でシックに整えられていて，その上とても明るいです。

Die Einrichtung dieses Zimmers ist modern und man kann hier gemütlich leben.

この部屋の家具調度はモダンです。ここでは快適に過ごせます。

Sie wohnt in einem modern ausgestatteten Zimmer.

彼女はモダンに整えられた部屋で暮らしています。

schmücken	動 (〜⁴を) 飾る
	der **Schmuck**：男 アクセサリー, 飾り
heizen	動 (部屋など⁴を) 暖める
	die **Heizung**：女 暖房
die **Kammer**	女 (簡素な) 小部屋, 納戸 pl. die Kammern
die **Rolltreppe**	女 エスカレーター pl. die Rolltreppen
	die **Treppe**：女 階段　der **Aufzug**：男 エレベーター
der **Schornstein**	男 煙突 pl. die Schornsteine
die **Badewanne**	女 バスタブ pl. die Badewannen
	das **Bad**：中 浴室
der **Herd**	男 レンジ, こんろ pl. die Herde
die **Schublade**	女 引き出し pl. die Schubladen
	schieben：動 (〜⁴を) 押して動かす ⇒ p.256
die **Kommode**	女 (引き出し付きの) 整理ダンス pl. die Kommoden
die **Klimaanlage**	女 エアコン pl. die Klimaanlagen
	das **Klima**：中 気候　die **Anlage**：女 施設, 設置, 装置 ⇒ p.150

Der Weihnachtsbaum ist mit vielen bunten Kugeln geschmückt.

クリスマスツリーはたくさんのカラフルな玉で飾られています。

Das Hotelzimmer war gut geheizt, und ich konnte deshalb gleich einschlafen.

ホテルの部屋はよく暖まっていたのですぐに眠りにつくことができました。

Suchst du den Staubsauger? Der ist in der Kammer.

掃除機を探しているの？　納戸にあるよ。

Benutzen Sie bitte die Rolltreppe, weil der Aufzug außer Betrieb ist.

エレベーターが休止中なのでエスカレーターを使用してください。

Kommt der Weihnachtsmann durch den Schornstein herein?

サンタクロースは煙突から入ってくるの？

Im Badezimmer dieser WG gibt es keine Badewanne.

この WG の浴室にはバスタブはありません。

Kannst du bitte den Topf auf den Herd stellen?

鍋をこんろに置いてくれない？

Meine Mutter hat ihren Reisepass in die Schublade gelegt.

私の母はパスポートを引き出しに入れました。

In der Kommode gibt es Socken und Strümpfe.

その整理ダンスにはソックスとストッキングが入っています。

Deutsche Wohnungen sind selten mit Klimaanlagen ausgestattet.

ドイツの住まいにエアコンが備えつけられていることはまれです。

die **Fernbedienung**	**女** リモコン
	pl. die Fernbedienungen
	die **Bedienung**：**女** サービス，給仕
ein|schalten	**動** （〜⁴の）スイッチを入れる
	der **Schalter**：**男** 窓口，スイッチ
aus|schalten	**動** （〜⁴の）スイッチを切る
ab|schalten	**動** （〜⁴の）スイッチを切る
an|schalten	**動** （〜⁴の）スイッチを入れる
verschließen	**動** （〜⁴に）カギをかける
	〔verschloss － verschlossen〕

schließen：**動** （〜⁴を）閉める，（店などが）閉まる　**geschlossen**：**形** 閉店した

🎧 **教育**
019

die **Erziehung**	**女** 教育
	erziehen：**動** （〜⁴を）教育する，しつける
gebildet	**形** 教養のある
	die **Bildung**：**女** 教育，教養

🎧 **学校・学問**
020

die **Hauptschule**	**女** 基幹学校（基礎学校後の5年制の学校）
	pl. die Hauptschulen
die **Realschule**	**女** 実科学校（基礎学校後の6年制の学校）
	pl. die Realschulen

Die Fernbedienung des Fernsehers liegt auf dem Tisch.

テレビのリモコンは机の上にあります。

Könnten Sie bitte die Klimaanlage einschalten?

エアコンのスイッチを入れていただけませんか。

Vergiss nicht deinen Computer auszuschalten, bevor du losgehst!

出かける前にコンピューターの電源を切るのを忘れないで！

An der Ampel schalte ich den Motor ab, um Benzin zu sparen.

ガソリンを節約するために信号ではエンジンを切ります。

Um 7 Uhr schalten die Arbeiter die Maschinen in der Fabrik an.

7時に労働者たちは工場の機械のスイッチを入れます。

Sein Zimmer bleibt verschlossen und er kommt nicht heraus.

彼の部屋の鍵はかかったままで出てきません。

Die Pädagogik wird auch als Erziehungswissenschaft bezeichnet.

教育学 (Pädagogik) は教育学 (Erziehungswissenschaft) とも呼ばれます。

Alle Mitglieder seiner Familie sind akademisch gebildet.

彼の家族はみな大学教育を受けています。

Viele Jugendliche machen nach dem Hauptschulabschluss eine Lehre.

多くの若者たちは基幹学校卒業後，見習い修業をします。

Nach meinem Realschulabschluss habe ich ein Praktikum bei einer Bank gemacht.

私は実科学校を卒業した後，銀行でインターンをしました。

| die **Lehre** | 女 学説，教訓，見習い修業 |
| | *pl.* die Lehren |

| **befriedigend** | 形 満足できる，（成績が）良の |
| | **zufrieden**：形 (mit ~³ に) 満足している |

| **ausreichend** | 形 十分な，（成績が）可の |
| | **reichen**：動 足りる |

| **genügend** | 形 十分な，（成績が）可の（オースト リア） |
| | **genügen**：動 十分である　**genug**：副 十分に |

| **mangelhaft** | 形 不足した，（成績の）不可 |
| | **der Mangel**：男 不足 |

| **durch\|fallen*** | 動 （試験などに）落ちる，落第する |
| du fällst...durch er fällt...durch | (s) 〔fiel...durch － durchgefallen〕 |

| die **Nachhilfe** | 女 補習授業 |

die **Wiederholung**	女 繰り返し
	pl. die Wiederholungen
	wiederholen：動 (~⁴ を) 繰り返す

die **Hausarbeit**	女 家事，宿題
	pl. die Hausarbeiten
	die Hausaufgabe：女 宿題

| **korrigieren** | 動 （誤りなど⁴ を）訂正する，（文章 など⁴ を）添削する |
| | **korrekt**：形 正しい ⇒ p.272 |

Er lebt streng nach der christlichen Lehre.	彼はキリスト教の教義に厳格に従って生活しています。
In meinem letzten Chemietest habe ich die Note „befriedigend" bekommen.	前回の化学のテストの結果は「良」でした。
Mit der Note „ausreichend" kann man die Prüfung noch bestehen.	「可」でも試験には合格できます。
Ich habe genügend Zeit, also setzen wir uns hin und besprechen das in Ruhe.	私には十分時間があります。だから座ってそれについてゆっくり話しましょう。
Ich möchte Ingenieur werden, aber in Physik habe ich die Note „mangelhaft" bekommen.	私はエンジニアになりたいのですが，物理で「不可」をもらいました。
Lern fleißig, sonst fällst du in der Prüfung durch.	一生懸命勉強しなさい。そうしないと試験に落ちるよ。
Einige Schüler brauchen Nachhilfe in Mathematik.	何人かの生徒は数学の補習授業が必要です。
Für die Wiederholung der Prüfung ist eine Anmeldung erforderlich.	再試験を受けるためには申し込みが必要です。
Die Bibliothek ist voll mit Studierenden, die ihre Hausarbeiten schreiben.	図書館は宿題に取り組んでいる学生でいっぱいです。
Könnten Sie bitte meinen Aufsatz korrigieren?	私の作文を添削していただけますか。

die **Geografie**	女 地理学
die **Ethik**	女 倫理学，倫理 pl. die Ethiken
die **Logik**	女 論理学，論理 pl. die Logiken
die **Theologie**	女 神学 pl. die Theologien
die **Pädagogik**	女 教育学 pl. die Pädagogiken
pädagogisch	形 教育学の
die **Grammatik**	女 文法 pl. die Grammatiken
das **Latein**	中 ラテン語
akademisch	形 大学の
die **Fakultät**	女 学部 pl. die Fakultäten
sich immatrikulieren	動 大学に入学手続きをする die **Matrikel**：女 学籍簿

Mein Sohn hat nur in Geografie gute Noten.	私の息子は地理だけ成績がいいです。
An manchen Schulen gibt es statt Religionsunterrichts Ethikunterricht.	一部の学校では宗教の授業の代わりに倫理の授業があります。
Die Vorlesung über Logik war absolut langweilig.	その論理学の講義はまったくもって退屈でした。
1780 begann der Philosoph das Studium der Theologie.	1780 年にその哲学者は大学で神学の勉強を始めました。
Wer Pädagogik studiert, wird nicht unbedingt Lehrer.	教育学を専攻している人が必ずしも先生になるわけではありません。
Ich habe einen Abschluss an einer pädagogischen Hochschule gemacht.	私は教育大学を修了しました。
Ich finde die deutsche Grammatik logisch.	ドイツ語の文法は論理的だと思います。
Auf dem Gymnasium, das ich besuchte, war Latein ein Pflichtfach.	私が通っていたギムナジウムではラテン語は必修科目でした。
Immer mehr Jugendliche in Deutschland streben nach einer akademischen Ausbildung.	ドイツでは大学進学・卒業を目指す若者たちがますます増えています。
Ich würde gerne an der Fakultät für Wirtschaftswissenschaften studieren.	私は経済学部で学びたいと思っています。
Ich habe mich an einer Universität in der Schweiz immatrikulieren lassen.	私はスイスの大学への入学手続きを行いました。

sich ein|schreiben	動 （自分の名前⁴を）登録する 〔schrieb...ein - eingeschrieben〕
der/die **Studierende**	男 女 大学生 *pl.* die Studierenden <small>der/die **Student/-in**：男女 学生</small>
das **Stipendium**	中 奨学金 *pl.* die Stipendien
die **Sprechstunde**	女 （相談のための）面会時間 *pl.* die Sprechstunden
das **Zertifikat**	中 修了証書 *pl.* die Zertifikate
ab|schließen	動 （～⁴を）終える，（契約など⁴を）結ぶ 〔schloss...ab - abgeschlossen〕
das **Staatsexamen**	中 国家試験 *pl.* die Staatsexamen
die **Qualifikation**	女 資格をとること，資格，能力 *pl.* die Qualifikationen <small>die **Qualität**：女 質</small>
der/die **Anfänger/-in**	男 女 初心者 *pl.* die Anfänger/-innen <small>der **Anfang**：男 初め，始まり　an|fangen：動 始まる，（mit ～³を）始める</small>
der/die **Fortgeschrittene**	男 女 中(上)級者 *pl.* die Fortgeschrittenen

<small>der **Fortschritt**：男 進歩，上達　der **Schritt**：男 歩み，一歩の距離　**schreiten**：動 歩く</small>

Mein Bruder hat sich an einer Musikhochschule eingeschrieben.

私の兄（弟）は音楽大学への入学手続きを行いました。

Die meisten der Teilnehmenden an diesem Seminar sind Physikstudierende.

このゼミの参加者のほとんどが物理学を専攻している学生です。

Ich habe ein Stipendium für ein Auslandsstudium erhalten.

私は留学のための奨学金をもらいました。

Die Sprechstunde dieses Professors findet dienstags ab 10 Uhr statt.

この教授の面会時間は火曜日の 10 時からです。

Dieses Zertifikat beweist, dass ich über ausreichende Deutschkenntnisse verfüge.

この修了証書は私が十分なドイツ語能力を持っていることを証明しています。

Ich will gleich arbeiten, nachdem ich das Studium abgeschlossen habe.

大学を卒業したらすぐに働くつもりです。

Ich bin stolz darauf, dass mein Sohn sein Staatsexamen bestanden hat.

息子が国家試験に合格して誇らしいです。

Indem man die beruflichen Qualifikationen verbessert, kann man schneller Karriere machen.

職業上の能力を向上させることでよりはやく出世できます。

Dieser Tanzkurs ist eigentlich für Anfänger geeignet.

このダンスコースは本来初心者向けです。

In diesem Sprachkurs für Fortgeschrittene arbeiten die Teilnehmenden mit literarischen Texten.

この上級者向けの語学コースでは参加者たちは文学テクストに取り組みます。

die **Einführung**	女 導入，入門
	pl. die Einführungen
die **Führung**：女 案内，ガイド付きツアー	einlführen：動 (～⁴を)輸入する，導入する ⇒ p.206

der **Überblick**	男 見晴らし，概観
	pl. die Überblicke
	blicken：動 (～に)目を向ける

der/die **Wissenschaftler/-in**	男 女 学者
	pl. die Wissenschaftler/-innen
	die **Wissenschaft**：女 学問

| der/die **Experte/Expertin** | 男 女 専門家 |
| | **pl.** die Experten/Expertinnen |

der/die **Fachmann/Fachfrau**	男 女 専門家
	pl. die Fachleute
	das **Fach**：中 専門，科目，仕切り

| **forschen** | 動 研究する，調査する |
| | die **Forschung**：女 研究　der/die **Forscher/-in**：男女 研究者 |

die **Studie**	女 研究論文，研究調査
	pl. die Studien
	studieren：動 大学で勉強する，(～⁴を)専攻する

die **Recherche**	女 調査，研究
	pl. die Recherchen
	recherchieren：動 (～⁴を)調査する，探求する

die **Umfrage**	女 アンケート，世論調査
	pl. die Umfragen
	die **Frage**：女 質問

Der Titel dieses dicken Buches lautet „Einführung in die deutsche Literatur".

この分厚い本のタイトルは『ドイツ文学入門』です。

Dieses Buch gibt einen Überblick über die klassische Philosophie.

この本は古典哲学についての概観を与えてくれます。

Die Brüder Grimm waren Sprachwissenschaftler.

グリム兄弟は言語学者でした。

Der Anwalt ist Experte auf diesem Gebiet.

その弁護士はこの分野のエキスパートです。

Wir sind Fachleute dafür, Sie können uns also alles fragen.

私たちはこの分野の専門家なので何でも聞いてください。

Mein Großvater hat lange Zeit über die Pflanzen auf dieser Insel geforscht.

私の祖父はこの島の植物について長い間研究しました。

Diese Studie untersucht Stress bei Kindern.

この研究（論文）は子どものストレスについて調査しています。

Meine Recherchen über dieses Thema sind noch nicht fertig.

このテーマについての私の研究はまだ終わっていません。

Es wurde eine Umfrage über Urlaubsaktivitäten durchgeführt.

休暇の過ごし方についてのアンケートを実施しました。

die Aktivität：活動

103

| die **Tabelle** | 女 表 |
| | *pl.* die Tabellen |

| **statistisch** | 形 統計(学上)の |
| | die **Statistik**：女 統計，統計学 |

| das **Archiv** | 中 資料館，(保管されている)文書 |
| | *pl.* die Archive |

| das **Material** | 中 材料，資料 |
| | *pl.* die Materialien |

das **Objekt**	中 対象
	pl. die Objekte
	objektiv：形 客観的な ⇒ p.274

die **Entdeckung**	女 発見
	pl. die Entdeckungen
	entdecken：動 (〜⁴を)発見する

die **Beobachtung**	女 観察
	pl. die Beobachtungen
	beobachten：動 (〜⁴を)観察する

| die **Methode** | 女 方法 |
| | *pl.* die Methoden |

| das **Zitat** | 中 引用(文) |
| | *pl.* die Zitate |

| **zitieren** | 動 (〜⁴を)引用する，(〜⁴の言葉を)引用する |

| die **Analyse** | 女 分析 |
| | *pl.* die Analysen |

Worum handelt es sich bei dieser Tabelle?	これは何についての表ですか。
Dies ist das Ergebnis einer Studie, die auf statistischen Daten beruht.	これは統計学的データに基づいた研究結果です。

auf ~³ beruhen：(~³ に) 基づいている

Das Archiv der Stadt besitzt wertvolle Dokumente.	市の資料館は貴重な資料を所有しています。
Ich hatte vor, in der Bibliothek Materialien für meine Hausarbeiten zu sammeln.	私は図書館で宿題のための資料を集める予定でした。
Mit diesem Forschungsobjekt hat sich bisher noch niemand beschäftigt.	この研究対象にこれまでまだ誰も取り組んでいません。
Die Forscher haben in Ägypten eine bedeutende Entdeckung gemacht.	研究者たちはエジプトで重要な発見をしました。
Auf der Intensivstation stehen die Patienten immer unter Beobachtung.	集中治療室では患者は常に監視されています。

die Intensivstation：集中治療室 (ICU)

Das ist keine einfache, aber eine sichere Methode.	これは簡単ではありませんが確実な方法です。
Dieses Zitat stammt von einem römischen Kaiser.	これはあるローマ皇帝の言葉からの引用です。

römisch：(古代) ローマの

Der Professor zitiert in seinen Vorlesungen oft Goethe.	その教授は講義の際によくゲーテの言葉を引用します。
Um die Ursache herauszufinden, ist eine gründliche Analyse erforderlich.	原因究明のためには徹底的な分析が必要です。

analysieren	動 （～⁴を）分析する
der **Hintergrund**	男 背景 *pl.* die Hintergründe der **Grund**：男 理由，基礎，土地
der **Faktor**	男 要因 *pl.* die Faktoren
zurück|führen	動 （～⁴を auf ～⁴に）起因するもの と見なす
folgern	動 （aus ～³から～⁴を）推論する
heraus|finden	動 （多くの中から～⁴を）見つけ出す 〔fand…heraus － herausgefunden〕
der **Beweis**	男 証明，証拠 *pl.* die Beweise
beweisen	動 （～⁴を）証明する 〔bewies － bewiesen〕
fest|stellen	動 （～⁴を調べて）確かめる **fest**：形 堅い，固定した
die **Bestätigung**	女 確認，証明 *pl.* die Bestätigungen **bestätigen**：動 （～⁴が真実であることを）確認する

In dieser Arbeit werden mehrere Romane des Autors vergleichend analysiert.

この論文ではその著者のいくつかの小説が比較分析されています。

Dieser Konflikt kann nicht beendet werden, ohne die kulturellen Hintergründe beider Länder zu berücksichtigen.

この紛争は，双方の文化的背景を考慮することなしに終わらせることはできません。

Auch dieser soziale Faktor muss bei der Analyse berücksichtigt werden.

この社会的要因も分析の際に考慮しなければなりません。

Die Zunahme der Gemüseimporte ist hauptsächlich auf die schlechten Ernten im Inland zurückzuführen.

野菜の輸入の増加は主に国内での不作に起因していると見なすことができます。

das Inland：国内

Daraus lässt sich folgern, dass es zwischen den beiden einen inneren Zusammenhang gibt.

このことから両者の間に内的関連があると推論することができます。

Die Forschungsgruppe hat die Ursache der Krankheit herausgefunden.

研究グループはその病気の原因を見つけ出しました。

Dies ist der einzige Beweis, dass der Mann ihn getötet hat.

これはその男が彼を殺したという唯一の証拠です。

In diesem Wettbewerb hat er seine Fähigkeiten bewiesen.

このコンテストで彼は自身の能力を証明しました。

Es wurde festgestellt, dass die Täter das Land bereits verlassen hatten.

犯人たちがすでに出国したことが確認されました。

Drücken Sie zur Bestätigung auf „OK".

確認のため「OK」を押してください。

klären	働 (疑問点など⁴を) 明らかにする
	klar：形 はっきりした
der **Schwerpunkt**	男 重心，重点
	pl. die Schwerpunkte
	schwer：形 重い，むずかしい

🎧 **理解・学習**
022

die **Erkenntnis**	女 認識，知識
	pl. die Erkenntnisse
die Kenntnis：女 (専門的な) 知識　**erkennen**：働 (~⁴を) 見分ける，(~⁴だと) 分かる，(~⁴に) 気づく	

vertiefen	働 (知識など⁴を) 深める
	tief：形 深い

nach|schlagen＊	働 (本・辞書などで~⁴を) 調べる
du schlägst…nach er schlägt…nach	〔schlug…nach － nachgeschlagen〕

zusammen|fassen	働 (~⁴を) 要約する
	fassen：働 (~⁴を) つかむ，理解する

die **Zusammenfassung**	女 要約
	pl. die Zusammenfassungen

verständigen	働 (~⁴に) 知らせる，**sich** (mit ~³ と) 意思を疎通させる
	das Verständnis：中 理解

verständlich	形 聞き取りやすい，理解できる
selbstverständlich：形 当然の 働 もちろん　**verstehen**：働 (~⁴を) 理解する	

der **Verstand**	男 理解力，理性

108

Wer den Unfall verursacht hat, ist noch nicht geklärt.

誰がその事故を引き起こしたのかまだ明らかになっていません。

Der Schwerpunkt der Untersuchung liegt darauf, wer die Verantwortung hatte.

その調査の重点は誰に責任があったかにあります。

Durch Reisen werden Sie viele neue Erkenntnisse gewinnen.

旅を通じて多くの新しい知識を得ることになるでしょう。

Mein Ziel in diesem Jahr ist es, meine Fremdsprachenkenntnisse zu vertiefen.

私の今年の目標は外国語の知識を深めることです。

Ich muss immer noch viele Wörter im Wörterbuch nachschlagen.

私はいまだにたくさんの単語を辞書で調べなければなりません。

Die Hausaufgabe war, den Zeitungsartikel zu lesen und zusammenzufassen.

新聞記事を読んで要約するというのが宿題でした。

Zusammenfassungen der gesamten Beiträge finden Sie am Ende des Buches.

すべての論文の要約は巻末に載っています。

Wir brauchen keine gemeinsame Sprache, um uns zu verständigen.

私たちが理解しあうのに共通の言語は必要ありません。

Was sie sagt, ist kaum verständlich.

彼女の言うことはほとんど理解できません。

Der Student hat einen scharfen Verstand und reagiert sofort auf jede Frage.

その学生は鋭い理解力を持っていてどのような質問にも即答します。

109

ein|sehen* du siehst...ein er sieht...ein	動 (〜⁴を)理解する，(誤りなど⁴ に)気づく 〔sah...ein － eingesehen〕
mit|bekommen	動 (〜⁴を偶然)耳にする，理解する 〔bekam...mit － mitbekommen〕

🎧 023 音楽

musikalisch	形 音楽の die **Musik**：女 音楽　der/die **Musiker/-in**：男女 音楽家
musizieren	動 (複数の人で)音楽を演奏する
das **Orchester**	中 オーケストラ *pl.* die Orchester
der/die **Dirigent/-in**	男 女 指揮者 *pl.* die Dirigenten/Dirigentinnen **dirigieren**：動 (〜⁴を)指揮する
der **Chor**	男 合唱団，合唱 *pl.* die Chöre
die **Probe**	女 検査，見本，リハーサル *pl.* die Proben
die **Klarinette**	女 クラリネット *pl.* die Klarinetten
die **Orgel**	女 オルガン *pl.* die Orgeln

Es ist schwer einzusehen, warum
wir ihn um Erlaubnis bitten sollten.

なぜ私たちが彼に許可を求めたほうがいいのか理解しがたいです。

Ich habe mitbekommen, dass sie
sich wegen Kleinigkeiten streiten.

私は彼らがささいなことでけんかしていることを耳にしました。

Ich habe überhaupt kein
musikalisches Talent.

私には音楽の才能がまったくありません。

Ich kann Flöte spielen und du kannst
Gitarre spielen, also lass uns doch
mal gemeinsam musizieren!

私はフルートが吹けて君はギターが弾けるからいつか一緒に演奏しようよ。

Mein Vater war Musiker und spielte
lange Zeit Geige in einem Orchester.

私の父は音楽家で，長い間オーケストラでバイオリンを演奏していました。

Nächste Woche kommt ein bekannter
Dirigent aus Italien und dirigiert
dieses Orchester.

来週イタリアから有名な指揮者がやってきて，このオーケストラを指揮します。

Der Chor übt das von Bach
komponierte Werk.

その合唱団はバッハが作曲した曲を練習しています。

Die Probe für das Konzert findet
heute in diesem Saal statt.

コンサートのリハーサルは今日このホールで行われます。

Ich mag den Klang der Klarinette.

私はクラリネットの音色が好きです。

Am Freitagabend besuche ich ein
Orgelkonzert in einer Kirche in der
Nähe.

金曜の夜に近くの教会のオルガンコンサートに行きます。

| der **Rhythmus** | 男 リズム |
| | *pl.* die Rhythmen |

| die **Melodie** | 女 メロディー |
| | *pl.* die Melodien |

| die **Harmonie** | 女 ハーモニー，調和 |
| | *pl.* die Harmonien |

| der **Klang** | 男 音，響き |
| | *pl.* die Klänge |

klang＜**klingen**：動 鳴る，（～のように）聞こえる　**klingeln**：動 (ベルなどが) 鳴る

| der **Ton** | 男 音，口調 |
| | *pl.* die Töne |

betonen：動 (～⁴ を) 強調する ⇒ p.46

| die **Schallplatte** | 女 レコード |
| | *pl.* die Schallplatten |

der **Schall**：男 音，響き　die **Platte**：女 レコード

🎧 芸術・文学
024

| das **Kunstwerk** | 中 芸術作品 |
| | *pl.* die Kunstwerke |

die **Kunst**：女 芸術　der/die **Künstler/-in**：男女 芸術家

| die **Schönheit** | 女 美しさ |
| | *pl.* die Schönheiten |

schön：形 美しい，すてきな

| das **Drama** | 中 戯曲 |
| | *pl.* die Dramen |

Es ist wichtig, den eigenen Lebensrhythmus zu finden.

自分自身の生活リズムを見つけることが大切です。

Die Melodie dieses Liedes geht mir im Kopf herum.

herum... : 回って

この歌のメロディーが頭の中を回っています。

Historische und moderne Gebäude stehen hier in einer wunderbaren Harmonie zueinander.

zueinander : お互いに

ここでは歴史的建造物とモダンな建造物が見事に調和しています。

Dieses Klavier hat einen wunderschönen Klang.

このピアノの音色はとても美しいです。

Die Mutter hat ihr Kind in strengem Ton aufgefordert, das Licht auszumachen.

母親は子どもに厳しい口調ですぐに電気を消すようにと促しました。

Es gibt bei uns zu Hause eine Menge Schallplatten, die mein Vater gekauft hat.

うちには父が買ったレコードがたくさんあります。

Dieses Gemälde gehört zu den bedeutendsten Kunstwerken des Museums.

この絵画はその美術館で最も重要な芸術作品のうちの一つです。

Die Schönheit dieses Berges hat bei mir einen bleibenden Eindruck hinterlassen.

この山の美しさは私の心に色あせることのない印象を残しました。

In den meisten klassischen Dramen wird die Einheit von Zeit, Ort und Handlung beachtet.

たいていの古典劇においては，時・場・筋の一致が守られています。

dramatisch	形 劇の，ドラマチックな
das **Theaterstück**	中 脚本，戯曲 *pl.* die Theaterstücke das **Theater**：中 劇場
die **Tragödie**	女 悲劇 *pl.* die Tragödien
die **Komödie**	女 喜劇 *pl.* die Komödien
die **Szene**	女 場面，シーン，舞台 *pl.* die Szenen
auf|führen	動 （劇など⁴を）上演する die **Aufführung**：女 上演　**führen**：動 通じる，案内する
der **Spielplan**	男 上演（演奏）予定表 *pl.* die Spielpläne der **Fahrplan**：男 時刻表
der/die **Regisseur/-in**	男 女 映画監督，演出家 *pl.* die Regisseure/Regisseurinnen
der/die **Fotograf/-in**	男 女 カメラマン *pl.* die Fotografen/Fotografinnen das **Foto**：中 写真　**fotografieren**：動 写真を撮る，（〜⁴を）撮影する
malerisch	形 絵画の，絵のように美しい **malen**：動 絵を描く，（〜⁴を）描く　der/die **Maler/-in**：男女 画家

Die Zuschauer waren vom dramatischen Ende des Fußballspiels total begeistert.

サッカーの試合の劇的な結末に観客たちは大興奮しました。

Das Theaterstück soll bald auf die Bühne gebracht werden.

その戯曲は近々上演される予定です。

auf die Bühne bringen：上演する

Der Roman handelt von einer Familientragödie aus dem wahren Leben.

その小説は実際に起きた家族の悲劇を扱っています。

von ～³ handeln：(～³を) 扱う

Ich habe vor langem eine Mozart-Komödie in der Komischen Oper Berlin gesehen.

ずっと前に，ベルリン・コーミッシェ・オーパーでモーツァルトの喜劇を見ました。

Es ist ein schöner Anblick, wie eine Szene aus einem Film.

まるで映画のワンシーンのような美しい光景です。

Was wird heute in diesem Opernhaus aufgeführt?

今日このオペラ座では何が上演されるのですか。

Dort finden Sie den Spielplan mit allen Theaterstücken dieser Saison.

あそこに今シーズンのすべての劇の上演予定表があります。

Akira Kurosawa war ein weltbekannter Filmregisseur.

黒澤明は世界的に有名な映画監督でした。

Sie ist eine geschickte Sportfotografin.

彼女は腕のいいスポーツカメラマンです。

Vom Gipfel aus hat man einen malerischen Blick auf die Landschaft.

山頂からは絵のように美しい風景が見られます。

das **Motiv**	中 動機，（芸術作品の）主題
	pl. die Motive
	die **Motivation**：女 動機づけ，モティヴェーション
die **Zeichnung**	女 スケッチ
	pl. die Zeichnungen
	zeichnen：動 スケッチする，（～4を）線で描く
das **Original**	中 原物
	pl. die Originale
	original：形 本物の　⇔ die **Kopie**：女 コピー
die **Plastik**	女 彫刻作品
	pl. die Plastiken
die **Skulptur**	女 彫刻品，彫像
	pl. die Skulpturen
die **Statue**	女 彫像
	pl. die Statuen
die **Galerie**	女 ギャラリー，回廊
	pl. die Galerien
der **Schatz**	男 宝，（貴重な）コレクション，最愛の人
	pl. die Schätze
	schätzen：動 （～4を）高く評価する，（～と）思う
literarisch	形 文学の，文学的な
	die **Literatur**：女 文学
lyrisch	形 叙情詩の，叙情的な
	die **Lyrik**：女 叙情詩

Diese Gemälde haben keine klar erkennbaren Motive.

これらの絵にははっきりわかるようなモチーフがありません。

Das ist die Zeichnung meines Sohnes von einem Elefanten im Zoo.

これは息子が描いた動物園の象のスケッチです。

Das Original des großen Gemäldes befindet sich in einem Museum in Dresden.

その大きな絵の原物はドレスデンの美術館にあります。

Diese Plastik stammt aus dem letzten Jahrhundert.

この彫刻作品は前世紀に作られたものです。

Im Garten des Museums stehen viele interessante Skulpturen.

美術館の庭には多くの興味深い彫像があります。

In diesem Raum sind Marmorstatuen aus der griechischen Zeit ausgestellt.

この部屋にはギリシア時代の大理石の彫像が展示されています。

griechisch：ギリシアの

In diesem Stadtteil gibt es viele berühmte Kunstgalerien.

この市区には多くの有名なアートギャラリーがあります。

Die Schätze des Museums sind derzeit auch online ausgestellt.

美術館のコレクションは現在オンラインでも展示されています。

In diesem Semester werden literarische Texte von der Nachkriegszeit bis in die Gegenwart analysiert.

今学期は戦後から現在までの文学テクストを分析します。

Die Ausdrucksweise der Schriftstellerin wird in letzter Zeit immer lyrischer.

その作家の表現方法は最近どんどん叙情的になっています。

poetisch	彫 詩の，詩的な
	die **Poesie**：女 詩，文芸
romantisch	彫 ロマン派の，ロマンチックな
	der **Roman**：男 長編小説
fantastisch	彫 空想的な，すばらしい
die **Fantasie**	女 想像力，空想
	_pl._ die Fantasien
die **Legende**	女 聖人伝，伝説
	_pl._ die Legenden
die **Sage**	女 伝説，言い伝え
	_pl._ die Sagen
der **Mythos**	男 神話
	_pl._ die Mythen
die **Biografie**	女 伝記
	_pl._ die Biografien
der/die **Held/-in**	男 女 英雄，（物語などの）主人公
	_pl._ die Helden/Heldinnen
die **Hexe**	女 魔女
	_pl._ die Hexen
der **Zauber**	男 魔法，魅力
	_pl._ die Zauber

Ich möchte ein Bild von dieser poetischen Landschaft malen.

私はこの詩情豊かな風景の絵を描きたいです。

Ich bin ein praktischer Mensch, aber mein Mann ist eher der romantische Typ.

私は現実的な人間ですが，夫はどちらかというとロマンチックなタイプです。

Der Blick auf die untergehende Sonne über dem Meer ist fantastisch.

海に沈みゆく太陽のながめはすばらしいです。

Das Kind ist fasziniert von Geschichten aus einer Fantasiewelt.

その子どもはファンタジーの世界の物語に魅了されています。

Das Buch ist eine Sammlung deutscher Legenden.

この本はドイツの伝説集です。

Einer Sage nach soll am Fuße dieses Berges eine Menge Gold und Silber liegen.

ある言い伝えによればこの山のふもとに大量の金と銀が眠っているらしいです。

Als ich klein war, erzählte mir mein Vater griechische Mythen.

子どものころ，父は私にギリシア神話を話して聞かせてくれました。

Ich lese gerade die Biografie eines Wiener Malers vom Ende des 19. Jahrhunderts.

私はちょうど19世紀末のウィーンの画家の伝記を読んでいます。

Er ist der Held des heutigen Spiels.

彼は今日の試合のヒーローです。

Da erschien die böse Hexe und sagte etwas zur Königin.

そこに悪い魔女が現れ，女王様に何ごとか言いました。

Der Zauber dieser Landschaft hat mich begeistert.

この風景の魅力が私をとりこにしました。

die **Figur**	囡 スタイル，人物，（小説などの）登場人物
	pl. die Figuren

die **Handlung**	囡 行為，（小説などの）ストーリー
	pl. die Handlungen
	handeln：動 行動する

kreativ	形 創造的な

gestalten	動 （〜⁴ を）形作る
	die **Gestalt**：囡 形，姿 ⇒ p.244

konstruieren	動 （機械など⁴ を）設計する，（文など⁴ を）構成する
	die **Konstruktion**：囡 構成，構造

verfassen	動 （〜⁴ を）執筆する，作成する

der/die **Verfasser/-in**	男 囡 著者
	pl. die Verfasser/-innen

prägen	動 （〜⁴ に）型押しする，（〜⁴ を）特徴づける，（〜⁴ に）影響を与える，（語など⁴ を）作り出す

der **Entwurf**	男 構想，草稿，設計（図）
	pl. die Entwürfe

Der Nikolaus ist eine wichtige Figur in der Adventszeit.

ニコラウスは待降節の期間における重要な人物です。

Die Handlung dieses Krimis ist gut strukturiert und spannend.

strukturieren：（〜⁴を）構成する

この推理小説のストーリーはうまく構成されていてわくわくします。

Sie ist immer voller Ideen und sehr kreativ.

彼女はいつもアイディアが豊富でとてもクリエイティブです。

Der neu gestaltete Bahnhof wurde von den Bewohnern gut angenommen.

新しく作り変えられた駅は住民に好評でした。

Der Roman wurde als sehr gut konstruiert bewertet.

その小説は非常によく構成されていると評価されました。

bewerten：（〜⁴を）評価する

Die Schriftstellerin hat im Laufe ihres Lebens mehr als 1000 Romane verfasst.

その作家は生涯で1000冊以上の小説を執筆しました。

Die Verfasserin dieses Buches wurde für den Nobelpreis vorgeschlagen.

この本の著者はノーベル賞に推薦されました。

Diese Stadt ist stark islamisch geprägt.

この町はイスラムの影響を色濃く受けています。

islamisch：イスラム（教）の

Die Entwürfe des Schriftstellers sind in seinem Geburtshaus in Frankfurt ausgestellt.

その作家の草稿はフランクフルトにある彼の生家に展示されています。

entwerfen*	動 (〜⁴の) 草稿を作成する, (〜⁴の) 下絵を描く `e→i` 〔entwarf - entworfen〕
die **Entstehung**	女 発生, (作品などの) 成立 *pl.* die Entstehungen **entstehen**:動 生じる
vollenden	動 (〜⁴を) 完成する **enden**:動 終わる
die **Vollendung**	女 完成 *pl.* die Vollendungen
der **Beifall**	男 拍手喝采, 賛成
das **Lob**	中 称賛 *pl.* die Lobe **loben**:動 (〜⁴を) ほめる

körperlich	形 肉体の der **Körper**:男 体
die **Stirn**	女 額 *pl.* die Stirnen
das **Kinn**	中 あご *pl.* die Kinne
die **Backe**	女 頬 *pl.* die Backen
die **Hüfte**	女 腰 *pl.* die Hüften

Der Designer hat für diese Saison neue Winterkleidung entworfen.

そのデザイナーは今シーズン用に新しい冬服をデザインしました。

Die Komponistin spricht über die Entstehung ihres neuesten Werkes.

その作曲家は彼女の新曲の成立について話します。

Es hat fast 10 Jahre gedauert, bis er die Skulptur vollendet hatte.

彼がその彫刻を完成させるまでほぼ10年かかりました。

Ich freue mich auf die Vollendung des neuen Bildes dieses Malers.

私はこの画家の新しい絵の完成を楽しみにしています。

Die Aufführung wurde vom Publikum mit Beifall aufgenommen.

その上演は観客の拍手喝采を浴びました。

Gleich nach der Veröffentlichung des neuen Werks hat er Lob von den Kritikern erhalten.

新作の発表直後，彼は批評家たちから称賛を受けました。

der/die Kritiker/-in：批評家

Ein Umzug ist harte körperliche Arbeit.

引っ越しは大変な肉体労働です。

Ich habe eine breite Stirn und ein schmales Kinn.

私の額は広く，あごは細いです。

Sie stützte ihr Kinn in die Hand, während sie mir zuhörte.

彼女は私の話を聞いている間，頬杖をついていました。

Die Backen der Kinder sind rot vor Kälte.

子どもたちの頬は寒さで赤くなっています。

Gestern habe ich mich an der Hüfte verletzt.

昨日私は腰をけがしました。

der **Ellbogen**	男 ひじ *pl.* die Ellbogen
die **Faust**	女 握りこぶし *pl.* die Fäuste
der **Daumen**	男 (手の)親指 *pl.* die Daumen
der **Nagel**	男 爪，釘 *pl.* die Nägel
das **Gehirn**	中 脳，頭脳 *pl.* die Gehirne
die **Lunge**	女 肺 *pl.* die Lungen
der **Muskel**	男 筋肉 *pl.* die Muskeln
der **Nerv**	男 神経 *pl.* die Nerven **nervös**：形 神経質な，いらいらした
der **Atem**	男 呼吸 **atmen**：動 呼吸する
barfuß	形 はだしの **bar**：形 現金の，はだかの
die **Miene**	女 表情 *pl.* die Mienen

Leg die **Ellbogen** nicht auf den Tisch!　机にひじをつかないで！

Das Kind möchte es auf eigene **Faust**
versuchen.　　auf eigene Faust : 独力で

その子どもはそれを自力でやりたがっています。

Ich drücke dir die **Daumen**!

～³ die Daumen drücken :（～³の）成功を祈る

君の成功を祈るよ！

Kinder, schneidet euch die **Nägel**!　　子どもたち，爪を切りなさい！

Wenn Sie dauernd starke
Kopfschmerzen haben, sollten Sie
Ihr **Gehirn** untersuchen lassen.

継続的に激しい頭痛がある場合は，脳の検査をしてもらうのがよいでしょう。

Ich habe ihn aus voller **Lunge**
schreien hören.

aus voller Lunge schreien : 声をかぎりに叫ぶ

私は彼が大声で叫ぶのが聞こえました。

Sportler trainieren ihre **Muskeln**
täglich.　　der/die Sportler/-in :
スポーツ選手，スポーツマン

スポーツ選手は毎日筋肉を鍛えています。

Die Klaviergeräusche aus dem
Nachbarhaus gehen mir auf die
Nerven.　　～³ auf die Nerven gehen/fallen :（～³を）いらいらさせる

隣家からのピアノの音は私をいらいらさせる。

Sie ist gegen Ende des Spiels außer
Atem gekommen.　　außer Atem kommen :
息を切らす

彼女は試合の終わりころに息を切らしました。

Manche Kinder baden nackt, andere
laufen **barfuß** am Strand.

何人かの子どもたちははだかで海水浴をし，ほかの子どもたちははだしで海辺を走っています。

Er macht immer gute **Miene** zum
bösen Spiel.

gute Miene zum bösen Spiel machen : いやなことがあっても平然としている

彼はいやなことがあってもいつも平然としています。

125

taub	⑱ 耳の聞こえない

die **Gesundheit**	囡 健康
	gesund：⑱ 健康な

gesundheitlich	⑱ 健康上の

die **Wunde**	囡 傷
	pl. die Wunden

die **Verletzung**	囡 けが，負傷
	pl. die Verletzungen
	verletzen：⑩（〜⁴を）傷つける，sich けがをする

niesen	⑩ くしゃみをする
	husten：⑩ せきをする　der **Schnupfen**：男 鼻風邪

der **Krebs**	男 ガン

das **Virus**	中 ウイルス
	pl. die Viren

übel	⑱ 不快な，気分が悪い，不機嫌な

die **Sucht**	囡 病的依存
	pl. die Süchte

süchtig	⑱ 病的依存の

Seit meiner Geburt bin ich auf dem rechten Ohr taub.

生まれたときから私の右耳は聞こえません。

Auch wenige Zigaretten schaden der Gesundheit.

少しのタバコでも健康を害します。

Der Arzt informierte die Familie des Patienten über dessen gesundheitlichen Zustand.

医者は患者の家族にその健康状態を伝えました。

Wenn es regnet, schmerzen meine alten Wunden.

雨が降ると私の古傷が痛みます。

Seine Verletzung ist lebensgefährlich.

彼のけがは致命的です。

Im Frühling kann ich nicht aufhören zu niesen.

春になるとくしゃみが止まらなくなります。

Der Schauspieler leidet an Magenkrebs.

その俳優は胃ガンを患っています。

Das Grippevirus ist weit verbreitet und die Krankenhäuser sind voll.

インフルエンザウイルスがまん延し，病院はいっぱいです。

Sie hat üble Laune. Was ist denn mit ihr los?

彼女は機嫌が悪いです。いったい彼女はどうしたのでしょう。

Die Smartphone-Sucht bei Kindern sei ein ernstes Problem, sagt eine Expertin.

子どものスマートホン依存は深刻な問題であるとある専門家は言います。

Nach der Scheidung ist er alkoholsüchtig geworden.

離婚後，彼はアルコール依存症になりました。

die **Droge**	女 麻薬
	pl. die Drogen

das **Gift**	中 毒
	pl. die Gifte

giftig	形 有毒の

die **Klinik**	女 （専門の)病院，診療所
	pl. die Kliniken

die **Operation**	女 手術
	pl. die Operationen
	operieren：動 (～⁴を)手術する

die **Therapie**	女 治療
	pl. die Therapien

die **Erholung**	女 休養
	sich erholen：動 休養する，元気を取り戻す

heilen	動 (～⁴の病気を)治す(h)，治る(s)

die **Spritze**	女 注射
	pl. die Spritzen

das **Pflaster**	中 舗装，ばんそうこう
	pl. die Pflaster

In Japan sind sogenannte weiche Drogen genauso wie andere Drogen streng verboten.

日本ではいわゆる弱い麻薬もほかの麻薬と同様に厳しく禁じられています。

Sokrates hat Gift genommen und ist daran gestorben.

ソクラテスは毒を飲んで死にました。

Diese bunten Pilze sind giftig.

このカラフルなきのこは有毒です。

Meine Hausärztin hat mir diese Klinik empfohlen.

かかりつけ医は私にこの病院を勧めました。

Der Arzt hat eine komplizierte Operation in kürzester Zeit erfolgreich durchgeführt.

その医者は複雑な手術をきわめて短時間で首尾よく行いました。

Wozu dient diese Therapie?

この治療は何のためでしょうか。

Sie arbeiten zu hart. Sie brauchen sofort einen Erholungsurlaub.

あなたは働きすぎです。すぐに休養のための休暇が必要です。

Wenn ich von meiner Krankheit geheilt bin, möchte ich morgens wieder joggen.

病気が完治したらまた毎朝ジョギングがしたいです。

Der Krankenpfleger hat mir eine Spritze in meinen linken Arm gegeben.

看護師が私の左腕に注射を打ちました。

~³ eine Spritze geben：(~³に) 注射する

Du solltest ein Pflaster auf die Wunde am Knie kleben.

ひざの傷にばんそうこうを貼ったほうがいいよ。

die **Krankenkasse**	女 健康保険
	pl. die Krankenkassen
	krank：形 病気の　die **Kasse**：女 レジ，健康保険組合

die **Versicherung**	女 保険，保証
	pl. die Versicherungen
	sicher：副 きっと 形 安全な，確実な

（意識・知覚）

das **Bewusstsein**	中 意識
	unbewusst：形 無意識の

wahr|nehmen*	動 （〜⁴に）気づく
du nimmst…wahr er nimmt…wahr	〔nahm…wahr － wahrgenommen〕

der **Geruch**	男 におい，嗅覚
	pl. die Gerüche
	riechen：動 （〜の）においがする

der **Duft**	男 香り
	pl. die Düfte

duften	動 いい香りがする，（nach 〜³の）香りがする

stinken	動 嫌なにおいがする，（nach 〜³の）においがする
	〔stank － gestunken〕

（身体動作・生理現象）

die **Geste**	女 身ぶり，ジェスチャー
	pl. die Gesten

winken	動 合図する，（あいさつなどのために）手を振る

In Japan übernimmt die Krankenkasse nicht die vollen Behandlungskosten.

日本では健康保険は治療費を全額負担してくれません。

die Behandlung : 治療

Ich habe für meine Kinder mehrere Lebensversicherungen abgeschlossen.

私は子どもたちのためにいくつかの生命保険の契約をしました。

Der alte Mann ist auf der nassen Treppe gestürzt und hat das Bewusstsein verloren.

その老人は濡れた階段で転倒し意識を失いました。

Das Kind hat das Geräusch wahrgenommen und ist dann zur Tür gelaufen.

その子どもは物音に気づき，ドアの方へ走って行きました。

Ich mag den Geruch dieser Gewürze.

私はこの香辛料のにおいが好きです。

Was ist das für ein Duft? —Ich glaube, es ist der Duft von Rosen.

これは何の香りですか。
—バラの香りだと思います。

Diese roten Pflaumenblüten duften sehr gut.

この赤い梅の花はとてもいい香りがします。

Meine Haare und Kleider stinken nach Zigarettenrauch.

私の髪の毛と服はタバコくさいです。

Der Politiker redet immer mit übertriebenen Gesten.

その政治家はいつも大げさな身ぶり手ぶりで演説します。

Eine Zeit lang winkte sie noch mit beiden Händen zum Abschied.

彼女は別れ際にしばらくまだ両手を振っていました。

nicken	動 うなずく
seufzen	動 ため息をつく
umarmen	動 (～⁴を)抱きしめる der **Arm**：男 腕
pfeifen	動 口笛を吹く，(～⁴を)口笛で吹く 〔pfiff - gepfiffen〕
der **Kuss**	男 キス *pl.* die Küsse **küssen**：動 (～⁴に)キスする
gähnen	動 あくびをする

🎧 031 ━ スポーツ・アウトドア ━

der/die **Trainer/-in**	男 女 監督，コーチ *pl.* die Trainer/-innen
der **Profi**	男 プロのスポーツ選手，専門家 *pl.* die Profis
der/die **Gegner/-in**	男 女 敵，対戦相手 *pl.* die Gegner/-innen **gegen**：動 ～⁴のころに，～⁴に反対して
der **Sieg**	男 勝利 *pl.* die Siege

Einer nickte nur stumm, während der andere den Kopf schüttelte.	一人は黙ってうなずくだけで，もう一人は首を振りました。
Er seufzte wiederholt, während er das Fußballspiel sah.	彼はサッカーの試合を見ながら，何度もため息をつきました。
Sie haben sich vor Freude umarmt, als sie sich zufällig wiedergesehen haben.	彼らは偶然再会したとき，喜びのあまり抱き合いました。
Er singt und pfeift oft populäre Lieder.	彼はよくはやりの歌を歌ったり口笛で吹いたりします。
Die Mutter hat dem Kind einen Kuss auf die Stirn gegeben.	母親は子どもの額にキスをしました。
Die Lehrerin seufzte, als sie eine Schülerin gähnen sah.	先生は一人の生徒があくびをしているのを見てため息をつきました。
Der Trainer dieser Mannschaft wurde aufgrund der schlechten Ergebnisse entlassen.	このチームの監督は成績不振を理由に解雇されました。
Viele Sportler, darunter auch Profitennisspieler, sind zu dieser Willkommensparty eingeladen worden.	この歓迎パーティーにはプロテニスプレイヤーも含む，多くのスポーツ選手が招待されました。
Gegen diesen Gegner habe ich noch nie gewonnen.	この対戦相手にはまだ勝ったことがありません。
Die Spieler kämpften mit aller Kraft für den Sieg.	選手たちは勝利のために全力で戦いました。

siegen	動 勝つ
die **Niederlage**	女 敗北 *pl.* die Niederlagen **niedrig**：形 低い
die **Gymnastik**	女 体操
trainieren	動 トレーニングする
strecken	動 (体・体の一部⁴を) 伸ばす die **Strecke**：女 道のり，(鉄道などの)区間
der **Schlitten**	男 そり *pl.* die Schlitten
der **Schlittschuh**	男 スケート，スケート靴 *pl.* die Schlittschuhe
segeln	動 ヨットに乗る，船が帆走する
tauchen	動 (水中へ)潜る (s, h)
schießen	動 撃つ，(ボール⁴を)勢いよくける [schoss - geschossen]
klettern	動 よじ登る (s)

Die japanische Nationalmannschaft hat 3:1 gesiegt.

日本代表は 3 対 1 で勝利しました。

Die deutsche Mannschaft musste eine bittere Niederlage erleben.

ドイツチームは苦い敗戦を喫せざるをえませんでした。

In der Turnhalle treiben mehrere Schüler Gymnastik.

die Turnhalle : 体育館

体育館では何人かの生徒が体操をしています。

Die Spieler trainieren jeden Morgen ab 10 Uhr hier.

選手たちは毎朝 10 時からここでトレーニングします。

Ich habe die Gewohnheit, mich zu strecken, sobald ich aufgewacht bin.

私には目が覚めたらすぐにストレッチをする習慣があります。

Die Kinder fahren fröhlich Schlitten im Schnee.

子どもたちは雪の中で楽しそうにそりに乗ります。

In dieser großen Sportanlage kann man auch Schlittschuh laufen.

この大きなスポーツ施設ではスケートをすることもできます。

Ich fahre am Wochenende immer ans Meer, um zu segeln.

週末はヨットに乗るためにいつも海に行きます。

Sie taucht gerne und ich schwimme lieber.

彼女はダイビングが好きで私は泳ぐ方が好きです。

In der ersten Halbzeit hat er den Ball mehrmals ins Tor geschossen.

前半彼は何度もボールをゴールにけりこみました。

Die Kinder versuchen, auf einen großen Baum am Bach zu klettern.

子どもたちが小川のほとりにある大きな木にのぼろうとしています。

135

die **Wanderung**	女 ハイキング
	pl. die Wanderungen
	wandern：動 ハイキングをする

das **Zelt**	中 テント
	pl. die Zelte

die **Jagd**	女 狩り
	pl. die Jagden

jagen	動 狩りをする，（～⁴を）狩る

der/die **Jäger/-in**	男 女 狩人，猟師
	pl. die Jäger/-innen

🎧 **（娯楽・趣味）**
032

der/die **Liebhaber/-in**	男 女 愛好家
	pl. die Liebhaber/-innen

das **Schach**	中 チェス

der **Zirkus**	男 サーカス
	pl. die Zirkusse

das **Spektakel**	中 （センセーショナルな）見もの
	pl. die Spektakel

wetten	動 賭けをする
	die **Wette**：女 賭け

nähen	動 縫いものをする，（～⁴を）縫う

Ich habe vor, mit meinen Kollegen eine Wanderung zu machen.	私は同僚たちとハイキングをする予定です。
Heute werden wir die Nacht in einem Zelt verbringen.	今日私たちはテントで一晩過ごすつもりです。
Die Jagd ist hier verboten, weil es ein Naturschutzgebiet ist.	ここでは狩りは禁止されています。なぜならここは自然保護区域だからです。
Wölfe jagen z.B. wilde Schafe oder Hasen.	オオカミは例えば野生の羊やウサギを狩ります。
Jäger gehen in den Wald, um Hirsche und Hirschkühe zu jagen.	猟師たちはシカ（オス・メス）を狩るために森へ行きます。

die Hirschkuh:シカ（メス）

Er ist als Liebhaber von romantischen Gemälden bekannt.	彼はロマン派絵画の愛好家として有名です。
Ich habe noch nie Schach gespielt.	私はまだ一度もチェスをしたことがありません。
Übermorgen findet in dieser Stadt eine Zirkusvorstellung statt.	あさってこの町ではサーカスの公演が行われます。
Die Flugschau heute war ein wahnsinniges Spektakel.	今日の航空ショーは最高の見ものだったよ。
Er hat auf das Pferd gewettet, aber leider eine Menge Geld verloren.	彼はその馬に賭けましたが残念ながら大金を失いました。
Meine Großmutter sitzt in ihrem Sessel und näht.	私の祖母は安楽椅子に腰かけて縫いものをしています。

stricken	動 編み物をする，（〜⁴を）編む
die **Nadel**	女 針 *pl.* die Nadeln

der **Advent**	男 待降節（クリスマス前4週間の期間） *pl.* die Advente (das) **Weihnachten**：中 クリスマス
der/der/die **Karneval/Fasching/Fastnacht**	男 女 カーニバル *pl.* die Karnevals/Faschinge
(das) **Pfingsten**	中 聖霊降臨祭（復活祭後の第7日曜日） *pl.* die Pfingsten (die) **Ostern**：複 復活祭
der **Flohmarkt**	男 のみの市 *pl.* die Flohmärkte
die **Messe**	女 ミサ，見本市 *pl.* die Messen
die **Zeremonie**	女 儀式 *pl.* die Zeremonien
das **Jubiläum**	中 記念祭，記念日 *pl.* die Jubiläen das **Denkmal**：中 記念碑
jubeln	動 歓声をあげる

Ich **stricke** als Geburtstagsgeschenk für meinen Vater einen Schal.	私は父への誕生日プレゼントとしてマフラーを編みます。
Haben Sie **Nadel** und Faden? Ein Knopf an meiner Bluse ist fast ab.	針と糸はありますか。私のブラウスのボタンが取れそうなんです。
Der **Advent** ist die Zeit der Vorbereitung auf Weihnachten.	待降節はクリスマスの準備期間です。
In Deutschland ist der Kölner **Karneval** sehr bekannt.	ドイツではケルンのカーニバルがとても有名です。
Um **Pfingsten** letzten Jahres waren wir an der türkischen Küste.	去年の聖霊降臨祭のころ，私たちはトルコの海岸にいました。
An diesem Sonntag gibt es auf dem Marktplatz einen **Flohmarkt**.	今週日曜日に広場でのみの市が開かれます。
Die meisten Hotels sind heute ausgebucht, weil in dieser Stadt eine **Buchmesse** stattfindet.	ほとんどのホテルが今日は満室です。というのもこの町で本の見本市が行われているからです。
Viele Touristen in Japan möchten an einer **Teezeremonie** teilnehmen.	日本に来た多くの観光客はお茶会に参加したいと思っています。
Morgen feiert die Firma ihr hundertjähriges **Jubiläum** mit einer großen Party.	あすその会社は盛大なパーティーを開いて 100 周年記念を祝います。
Die Fans im Stadion **jubelten**, sobald die Spieler auf dem Spielfeld erschienen.	スタジアムにいるファンは選手たちがフィールドに登場するやいなや歓声をあげました。

veranstalten	動 (〜⁴を)催す

die **Veranstaltung**：女 催し物

034 交通

das **Fahrzeug**	中 乗り物
	pl. die Fahrzeuge

das **Flugzeug**：中 飛行機

die **Straßenbahn**	女 路面電車
	pl. die Straßenbahnen

die **U-Bahn**：女 地下鉄

die **Fähre**	女 フェリー
	pl. die Fähren

die **Kabine**	女 船室，更衣室
	pl. die Kabinen

die **Lokomotive**	女 機関車
	pl. die Lokomotiven

der **LKW (Lastkraftwagen)**	男 トラック
またはLKW	*pl.* die LKWs

der **PKW (Personenkraftwagen)**	男 乗用車
またはPKW	*pl.* die PKWs

das **Wohnmobil**	中 キャンピングカー
	pl. die Wohnmobile

der **Motor**	男 エンジン
またはMotor	*pl.* die Motoren

In dieser Halle werden momentan Ausstellungen moderner Kunst veranstaltet.	このホールでは現在，現代美術の展覧会が催されています。
Ein Auto mit Flügeln? Was für ein modernes Fahrzeug!	翼のついた車？　なんとモダンな乗り物なんでしょう！
Jede Straßenbahn, die von hier abfährt, fährt zum Bahnhof.	ここから出発するどの路面電車も駅に行きます。
Sizilien kann mit der Fähre erreicht werden, ohne den Zug zu verlassen.	シチリア島へは電車に乗ったままフェリーで行くことが出来ます。
Auf dem Schiff wohnten wir in einer Kabine mit Balkon.	船上ではバルコニー付きの船室に泊まりました。
In diesem Eisenbahnmuseum kann man verschiedene Lokomotiven besichtigen.	この鉄道博物館では様々な機関車を見学できます。
Auf dem Parkplatz sind viele LKWs geparkt.	駐車場にはたくさんのトラックがとめられています。
Die meisten Haushalte in der Region haben einen PKW.	この地域ではほとんどの世帯が乗用車を所有しています。
Er reist mit einem Wohnmobil durch Südfrankreich.	彼はキャンピングカーで南フランスを旅して回ります。
Ich hörte ein seltsames Geräusch aus dem Motor und hielt deshalb sofort an.	エンジンから変な音が聞こえたのですぐ車をとめました。

| der **Reifen** | 男 タイヤ |
| | *pl.* die Reifen |

| die **Panne** | 女 (機械の)故障，パンク |
| | *pl.* die Pannen |

| die **Abgase** | 複 排気ガス |

| **tanken** | 動 給油する，(燃料など⁴を) タンクに入れる |
| | die **Tankstelle**：女 ガソリンスタンド |

| der/die **Schaffner/-in** | 男 女 (鉄道・バスなどの)車掌 |
| | *pl.* die Schaffner/-innen |

| der **Zuschlag** | 男 追加料金，特急券 |
| | *pl.* die Zuschläge |

| **planmäßig** | 形 計画どおりの，時刻表どおりの |
| | der **Plan**：男 計画 **planen**：動 (～⁴を)計画する，予定する |

das **Tempo**	中 スピード
	pl. die Tempos
	die **Geschwindigkeit**：女 速度

| die **Umleitung** | 女 迂回(路) |
| | *pl.* die Umleitungen |

| **überholen** | 動 (～⁴を)追い越す |
| | **holen**：動 (～⁴を)行って取ってくる，連れてくる |

Das Auto hatte auf einer Bergstraße eine Reifenpanne.	山道で車のタイヤがパンクしてしまいました。
Mein Auto hatte auf der Fahrt nach Frankreich eine Panne.	私の車はフランスに向かう途中，故障しました。
Ich werde ein Elektroauto kaufen, weil es keine Abgase erzeugt.	私は電気自動車を買うつもりです。なぜならそれは排気ガスを出さないからです。

erzeugen：(〜⁴を) 生み出す

Bevor wir losfahren, müssen wir noch tanken.	私たちは出発前にまだガソリンを入れなければなりません。
Sobald ich in den Zug eingestiegen war, kam der Schaffner, um meine Fahrkarte zu kontrollieren.	乗車するとすぐに車掌が切符の検察にやってきました。
Für die Fahrt mit diesem Zug muss man einen Zuschlag zahlen.	この列車を利用するには追加料金を払わなければなりません。
Der ICE 231 nach München, planmäßige Ankunft 20:45, hat 10 Minuten Verspätung.	8 時 45 分到着予定の ICE ミュンヘン行き 231 号は 10 分遅れています。
Hier gilt ein Tempolimit von 80 km/h.	ここでは時速 80km の制限速度が適用されます。

das Limit：制限

Aufgrund der Veranstaltung muss dieser Bus heute eine Umleitung fahren.	イベントがあるためこのバスは本日迂回路を通らなければなりません。
Auf der Autobahn hat uns ein silberner Porsche überholt.	高速道路で一台のシルバーのポルシェが私たちを追い抜きました。

überfahren*	動 (車両などが人⁴を)ひく $a \rightarrow ä$ 〔überfuhr - überfahren〕
fort|fahren* du fährst...fort er fährt...fort	動 (乗り物で)立ち去る(s), (mit~³ を)続ける (h, s) 〔fuhr...fort - fortgefahren〕 **fort**：動 去って
starten	動 スタートする, 離陸する (s) **ab|fliegen**：動 離陸する
steuern	動 (~⁴を)運転する, 操縦する
die **Fußgängerzone**	女 歩行者専用区域, 歩行者天国 *pl.* die Fußgängerzonen die **Zone**：女 地帯, 料金区域

🎧 035 旅行

die **Abreise**	女 (旅への)出発 *pl.* die Abreisen **ab|reisen**：動 旅立つ　die **Abfahrt**：女 出発
die **Anreise**	女 (目的地への)旅行, (旅行者の)到着 *pl.* die Anreisen die **Ankunft**：女 到着
verreisen	動 旅行に出る (s) **reisen**：動 旅行する
die **Rückkehr**	女 帰還

144

Vorgestern wäre ich an dieser Kreuzung beinah überfahren worden.

おととい私はこの交差点であやうくひかれるところでした。

Er ist früh am Morgen mit der Bahn fortgefahren.

彼は朝早く電車で出発しました。

Die Maschine startet gleich und landet in zwei Stunden in Berlin.

その飛行機はまもなく離陸し2時間後にベルリンに着陸します。

Haben Sie keine Angst! Dieses Flugzeug wird von einem erfahrenen Piloten gesteuert.

ご心配には及びません。この飛行機はベテランパイロットにより操縦されます。

Diese Straße ist an Sonn-und Feiertagen eine Fußgängerzone.

この通りは日曜日と祝日は歩行者天国です。

Wann ist Ihre Abreise nach Australien?

オーストラリアへの出発はいつですか。

Das Personal des Hotels wartet auf die Anreise der Touristen aus Japan.

ホテルの従業員たちは日本からの観光客の到着を待っています。

Frau Doktor Meyer ist gerade verreist und wird in einer Woche zurückkommen.

マイヤーさんはいま旅に出ており，1週間後に戻ってくる予定です。

Hunde warten vor der Tür treu auf die Rückkehr ihrer Besitzer.

犬たちはドアの前で忠実に飼い主の帰りを待ちます。

die **Runde**	女 一回り
	pl. die Runden
	rund：形 丸い

die **Rundfahrt**	女 (乗り物による)周遊
	pl. die Rundfahrten
	die **Fahrt**：女 (車などでの)走行

die **Übernachtung**	女 宿泊
	pl. die Übernachtungen
	übernachten：動 泊まる die **Unterkunft**：女 宿，宿泊

die **Jugendherberge**	女 ユースホステル
	pl. die Jugendherbergen

ausgebucht	形 予約でいっぱいの
	buchen：動 (~⁴を)予約する

das **Schließfach**	中 ロッカー
	pl. die Schließfächer
	schließen：動 (~⁴を)閉める，(店などが)閉まる das **Fach**：中 専門，科目，仕切り

der **Ausblick**	男 見晴らし，(将来への)見通し
	pl. die Ausblicke
	der **Blick**：男 見晴らし，視線 der **Anblick**：男 眺め，光景

🎧 **建築**

036

der/die **Architekt/-in**	男 女 建築家
	pl. die Architekten/Architektinnen
	die **Architektur**：女 建築学，建築物

der **Bau**	男 建設
	pl. die Bauten
	bauen：動 (~⁴を)建設する

Es bleibt noch genügend Zeit für eine Runde durch die Stadt.

町を一回りするための十分な時間がまだ残っています。

Die Busrundfahrt startet vor dem Kiosk auf dem Bahnhofsplatz.

バスツアーは駅前広場の売店の前からスタートします。

Er hatte die Übernachtung in diesem Hotel ein Jahr im Voraus gebucht.

彼はこのホテルでの宿泊を1年前に予約しくいました。

Diese Jugendherberge war ursprünglich eine Burg.

このユースホステルはもともとお城でした。

Die Hotels am Meer sind in dieser Saison alle ausgebucht.

海辺のホテルはこのシーズンはすべて満室です。

Legen Sie Ihren Rucksack in ein Schließfach, bevor Sie die Ausstellungsräume betreten.

展示室に入る前にリュックサックをロッカーに入れてください。

betreten：（～⁴に）足を踏み入れる

Dieses Doppelzimmer im obersten Stock bietet einen herrlichen Ausblick auf das Gebirge.

最上階のこのダブルルームからは山々の素晴らしい眺めが楽しめます。

Die von diesem Architekten entworfenen Gebäude sind sehr originell.

この建築家がデザインした建物はとても独創的です。

Das Hotel gegenüber dem Bahnhof ist noch im Bau.

駅の向かいにあるホテルはまだ建設中です。

in/im Bau sein：建築（工事）中である

die **Baustelle**	女 建築(工事)現場
	pl. die Baustellen
die **Säule**	女 柱
	pl. die Säulen
errichten	動 (〜⁴を)建てる，(会社など⁴を) 設立する
renovieren	動 (〜⁴を)改装する，改築する

🎧 **建物・施設**

die **Etage**	女 (建物の)階
	pl. die Etagen
	der **Stock**：男 階
die **Residenz**	女 (君主・高位聖職者などの)居城
	pl. die Residenzen
der **Palast**	男 宮殿
	pl. die Paläste
der **Hof**	男 中庭，宮廷
	pl. die Höfe
die **Ruine**	女 廃墟，遺跡
	pl. die Ruinen
die **Hütte**	女 小屋
	pl. die Hütten

148

In dieser Straße gibt es überall Baustellen und daher müssen wir einen Umweg machen.

この通りにはいたるところに工事現場があるので私たちは回り道をしなければなりません。

Die Decke wird von dicken Holzsäulen getragen.

天井は太い木の柱で支えられています。

Auf dem Marktplatz wird in Kürze ein Friedensdenkmal errichtet werden.

近々広場に平和の記念碑が建てられる予定です。

Die Wohnung wurde im letzten Jahr renoviert und ist modern eingerichtet.

この住まいは昨年改築されモダンな設備が整っています。

In der zweiten und vierten Etage dieses Gebäudes befinden sich Wohngemeinschaften.

この建物の2階と4階（実際には3階と5階）にはWGがあります。

Die Residenz des ehemaligen Königs wird heute als Museum genutzt.

かつての王の居城は現在では博物館として利用されています。

Der Palast hat große Gärten und prächtige Brunnen.

その宮殿には大きな庭園と壮麗な噴水があります。

Auf dem Schulhof ist das Ballspielen verboten.

学校の中庭ではボール遊びは禁止されています。

Ich habe vor, in den Winterferien die antiken Ruinen von Rom zu besichtigen.

私は冬休みにローマの古代遺跡を見学する予定です。

Wir übernachten heute in einer Hütte am Fuße des Berges.

私たちは今日，山のふもとの小屋に泊まります。

der **Speicher**	男 倉庫
	pl. die Speicher
	speichern：動（データなど⁴を）保存する ⇒ p.84

die **Anlage**	女 施設，設置，装置
	pl. die Anlagen

die **Orientierung**	女 方向感覚
	pl. die Orientierungen

die **Tendenz**	女 傾向
	pl. die Tendenzen

neigen	動（～⁴を）傾ける，（zu ～³への）傾向がある

äußer	形 外の，外見上の，対外的な

der **Mittelpunkt**	男 中心点，中心
	pl. die Mittelpunkte

der **Vordergrund**	男 前景，前面
	pl. die Vordergründe
	vorder：形 前方の

entfernen	動（～⁴を）取り除く，**sich** 遠ざかる
	entfernt：形 遠く離れた

die **Entfernung**	女 距離，除去
	pl. die Entfernungen

der **Abstand**	男 隔たり，間隔
	pl. die Abstände

Die Hamburger Speicherstadt gehört zum Weltkulturerbe.

ハンブルクの倉庫街は世界遺産の一つです。

In diesem großen Park gibt es mehrere Toilettenanlagen.

この大きな公園にはいくつかのトイレ設備があります。

Im dichten Wald hat der Reisende die Orientierung verloren.

うっそうとした森の中，その旅人は方向感覚を失いました。

Die Löhne zeigen eine steigende Tendenz.

賃金は上昇傾向にあります。

Er neigt zu Tränen.

彼は涙もろいです。

Beschreiben Sie bitte genau die äußeren Merkmale des Täters.

犯人の外見的特徴を正確に述べてください。

Die Gemälde in diesem Raum stehen im Mittelpunkt der Ausstellung.

この部屋にある絵画が展示の中心です。

Die Rettung von Menschenleben steht im Vordergrund.

人命救助が最優先です。

im Vordergrund stehen：何よりも重要である

Meine Freunde haben sich von mir entfernt, seit ich arbeitslos bin.

友人たちは私が失業してから離れていきました。

Die Entfernung von hier bis zur französischen Grenze beträgt etwa 50 km.

ここからフランスとの国境までの距離は約 50 キロです。

Halten Sie genügend Abstand zu anderen Personen!

他の人と十分距離を置いてください。

Abstand halten：距離を置く

biologisch	形 生物学の，天然素材の
	die **Biologie**：女 生物学

das **Schaf**	中 羊
	pl. die Schafe

der **Hirsch**	男 シカ，雄ジカ
	pl. die Hirsche

die **Ziege**	女 ヤギ
	pl. die Ziegen

der **Fuchs**	男 キツネ，ずる賢い人
	pl. die Füchse

das **Kaninchen**	中 イエウサギ
	pl. die Kaninchen
	der **Hase**：男 野ウサギ

der **Kater**	男 オス猫，二日酔い
	pl. die Kater
	die **Katze**：女 猫

die **Ratte**	女 ネズミ （Maus より大きいサイズのネズミ）
	pl. die Ratten
	die **Maus**：女 ネズミ

der **Spatz**	男 スズメ
	pl. die Spatzen

die **Taube**	女 ハト
	pl. die Tauben

die **Eule**	女 フクロウ
	pl. die Eulen

Dieser Salat ist aus biologisch angebautem Gemüse gemacht.

このサラダは有機栽培された野菜で作られています。

anlbauen：（〜⁴を）栽培する

Ich würde gerne Schafskäse probieren, der auf traditionelle Weise hergestellt wird.

私は伝統的製法で作られた羊のチーズを食べてみたいです。

Heute gibt es in der Mensa Hirschbraten!

今日学食にはシカ肉のローストがあります。

Er hält Vieh, darunter Kühe, Schweine und Ziegen.

彼は牛，豚，ヤギといった家畜を飼っています。

Der Politiker gilt als schlauer Fuchs.

その政治家はずる賢いと思われています。

Kaninchen fressen meistens Gräser und Kräuter.

イエウサギはたいてい草を食べます。

Ich habe gestern zu viel getrunken und habe deswegen heute einen Kater.

昨日飲み過ぎたので今日は二日酔いです。

„Der Rattenfänger von Hameln" ist auch in Japan bekannt.

『ハーメルンの笛吹き男』は日本でも有名です。

Die Katze beobachtet einen Spatzen auf dem Dach.

猫が屋根の上のスズメを観察しています。

Auf der Schulter der Statue auf dem Marktplatz sitzt eine weiße Taube.

広場の銅像の肩には一羽の白いハトがとまっています。

Die Eule ist ein Symbol der Weisheit.

フクロウは知恵の象徴です。

die **Gans**	女 ガチョウ
	pl. die Gänse

die **Ente**	女 カモ
	pl. die Enten

der **Frosch**	男 カエル
	pl. die Frösche

die **Schnecke**	女 カタツムリ，渦巻きパン
	pl. die Schnecken

das **Maul**	中 (動物の)口，(人間の)口
	pl. die Mäuler
	der **Mund**：男 口

der **Schwanz**	男 しっぽ
	pl. die Schwänze

der **Flügel**	男 翼，羽，グランドピアノ
	pl. die Flügel
	fliegen：動 飛ぶ

die **Feder**	女 (鳥の)羽毛
	pl. die Federn

bellen	動 (犬などが)ほえる

das **Insekt**	中 昆虫
	pl. die Insekten

der **Käfer**	男 カブトムシ，カブトムシ型のフォルクスワーゲン
	pl. die Käfer

Gänsebraten ist ein beliebtes Weihnachtsessen in Deutschland.

ガチョウのローストはドイツのクリスマスの人気料理です。

Das Kochbuch enthält auch Rezepte für Enten.

この料理本にはカモを使ったレシピも載っています。

Achtung, Frösche überqueren die Straße.

気をつけて，カエルが道を横断しています。

Sei nicht langsam wie eine Schnecke!

カタツムリのようにのろのろしないで！

Der Affe gähnte mit weit geöffnetem Maul.

サルは口を大きく開けてあくびをしました。

Der Schwanz dieser Katze ist krumm.

この猫のしっぽは曲がっています。

„Die Zeit hat Flügel." bedeutet, dass die Zeit schnell vergeht.

「時は翼を持っている（光陰矢のごとし）」は時のたつのは早いという意味です。

Zum Geburtstag habe ich ein schönes Federkissen bekommen.

誕生日にすてきな羽毛まくらをもらいました。

Ich konnte nicht schlafen, weil der Hund meines Nachbarn die ganze Nacht gebellt hat.

隣の家の犬が一晩中吠えていたので眠れませんでした。

In der heutigen Biologiestunde ging es um Insekten.

今日の生物の授業は昆虫についてでした。

Im Wald haben wir Käfer in der Erde gefunden und gesammelt.

私たちは森で土の中にいるカブトムシを見つけて集めました。

| der **Schmetterling** | 男 チョウ |
| | pl. die Schmetterlinge |

die **Fliege**	女 ハエ
	pl. die Fliegen
	fliegen：動 飛ぶ

| die **Biene** | 女 ハチ |
| | pl. die Bienen |

die **Spinne**	女 クモ
	pl. die Spinnen
	spinnen：動 糸を紡ぐ

| der **Wurm** | 男 (ミミズ, ウジ, 寄生虫などの)虫 |
| | pl. die Würmer |

🎧 040 （植物）

der **Stamm**	男 (樹木の)幹, 種族, 常連
	pl. die Stämme
	stammen：動 (aus ~³ の)出身である

| die **Wurzel** | 女 (植物の)根, 根源 |
| | pl. die Wurzeln |

der **Ast**	男 (幹から直接出ている大きな)枝
	pl. die Äste
	der **Zweig**：男 枝

die **Blüte**	女 (樹木の)花, 開花(期)
	pl. die Blüten
	blühen：動 (花が)咲いている

| die **Kräuter** | 複 草, 薬草 |

Die Kinder laufen auf der Wiese herum und versuchen, Schmetterlinge zu fangen.	子どもたちは草原を走り回り，チョウを捕まえようとしています。
Als ich das Fenster aufmachte, kam eine Fliege herein.	窓を開けたら，ハエが1匹入ってきました。
Bienen fliegen herum und suchen nach etwas Süßem.	ハチは飛び回り何か甘いものを探しています。
Das ist eine giftige Spinne! Pass auf, dass du sie nicht anfasst!	これは毒グモだよ！ 触らないように気をつけて！
Kleine Vögel fressen die von den Eltern gebrachten Würmer.	小鳥たちは親鳥が持ってきたミミズを食べます。
Er ist Stammgast in diesem Restaurant.	彼はこのレストランの常連です。
Dieser Brauch scheint seine Wurzeln in Asien zu haben.	この習慣はアジアにルーツがあるらしいです。
Aus den Ästen wachsen zahlreiche kleinere Zweige.	大きな枝からは無数の小枝が伸びています。
Die Apfelbäume im Garten stehen jetzt in voller Blüte.	庭のリンゴの木はいま満開です。
Im Regal in der Küche stehen viele Gläser mit Kräutern.	キッチンの棚にはハーブの瓶がたくさん並んでいます。

der **Rasen**	男 芝生 *pl.* die Rasen die **Wiese**：女 草地
der **Weizen**	男 小麦
pflanzen	動 (植物⁴を)植える die **Pflanze**：女 植物

地形

041

der **Vulkan**	男 火山 *pl.* die Vulkane
der **Gipfel**	男 頂上，頂点 *pl.* die Gipfel
der **Gletscher**	男 氷河 *pl.* die Gletscher
der **Kanal**	男 運河，水路，(テレビ・ラジオの)チャンネル *pl.* die Kanäle
das **Tal**	中 谷 *pl.* die Täler
der **Teich**	男 池，沼 *pl.* die Teiche
die **Wüste**	女 砂漠，荒地 *pl.* die Wüsten
der **Sand**	男 砂

Im Park liegen einige Leute auf dem Rasen und lesen Bücher.	公園では何人かの人たちが芝生の上に寝転び本を読んでいます。
Morgens esse ich zwei Scheiben Weizenbrot mit Marmelade.	朝はジャムをぬった小麦のパンを 2 切れ食べます。
Ich habe im Garten drei Bäume gepflanzt und um sie herum Blumen.	庭に 3 本の木を植え，その周りに花を植えました。
Der Ätna ist ein aktiver Vulkan in Sizilien.	エトナ山はシチリア島にある活火山です。
Am Abend erreichten wir schließlich den Gipfel des Berges.	夕方，私たちはついに山の頂上にたどり着きました。
Auf diesem Gletscher kann man auch im Sommer Ski fahren.	この氷河では夏でもスキーができます。
Der Kiel-Kanal verbindet die Nordsee mit der Ostsee.	キール運河は北海とバルト海を結んでいます。
Das Dorf, in dem ich geboren bin, liegt in einem Tal.	私が生まれた村は谷にあります。
Es gibt hier viele künstliche Teiche.	ここには人工池がたくさんあります。
Die Sahara ist die größte Wüste der Welt.	サハラ砂漠は世界で最も大きな砂漠です。
Es war windig und ich habe Sand in die Augen bekommen.	風が強くて砂が目に入りました。

159

der **Horizont**	男 地平線，視野
	pl. die Horizonte

die **Ebene**	女 平地，レベル
	pl. die Ebenen
	eben：形 平らな 副 ちょうど今

die **Fläche**	女 平地，平面
	pl. die Flächen

flach	形 平らな

steil	形 （傾斜の）急な
	steigen：動 のぼる

der **Kontinent**	男 大陸
	pl. die Kontinente

die **Landkarte**	女 地図
	pl. die Landkarten
	das **Land**：中 国，田舎　der **Stadtplan**：男 市街地図

🎧
042
気象・現象

die **Wettervorhersage**	女 天気予報
	pl. die Wettervorhersagen
	der **Wetterbericht**：男 天気予報

das **Unwetter**	中 悪天候
	pl. die Unwetter

der **Schauer**	男 にわか雨
	pl. die Schauer
	der **Regen**：男 雨

Die Begegnung mit neuen Menschen erweitert den Horizont.

新しい人たちとの出会いは視野を広げてくれます。

erweitern：（～⁴を）広げる

Diese Frage sollte auf internationaler Ebene intensiv diskutiert werden.

この問題は国際的レベルで集中的に議論した方がよいでしょう。

Auf dieser 1 Quadratkilometer großen Fläche soll ein Vergnügungspark entstehen.

この1キロ平方キロメートルの平地にはアミューズメントパークができる予定です。

Norddeutschland ist zum größten Teil flach.

北ドイツは大部分が平地です。

Wenn man diesen steilen Weg hinaufsteigt, hat man einen schönen Blick auf die Stadt.

この急な道を上ると町の美しい景色が見られます。

hinauf-：向こうの上へ

Es ist mein Traum, durch den afrikanischen Kontinent zu reisen.

アフリカ大陸を周遊するのが私の夢です。

Die Kinder suchen gerade die Hauptstadt der Schweiz auf einer Landkarte.

子どもたちはいま，地図上でスイスの首都を探しています。

Laut Wettervorhersage wird es morgen aufgrund eines Taifuns sehr stürmisch.

天気予報によるとあすは台風の影響で大荒れになるでしょう。

Trotz des Unwetters hat das Schiff den Hafen verlassen.

悪天候にもかかわらず船は港を後にしました。

In dieser Region gibt es nachmittags Schauer und darum bin ich immer mit einem Regenschirm unterwegs.

この地方では午後になるとにわか雨が降るので私はいつも傘を持って出かけます。

stürmisch	形 嵐の，激しい
	der **Sturm**：男 嵐
blitzen	動 稲光がする，ぴかぴか光る
	der **Blitz**：男 いなづま，フラッシュ
der **Schlag**	男 打撃，落雷
	pl. die Schläge
	schlagen：動 (～⁴を)打つ
neblig	形 霧のかかった
	der **Nebel**：男 霧
schwül	形 蒸し暑い
die **Wärme**	女 暖(温)かさ
	warm：形 暖かい，温かい
das **Phänomen**	中 現象
	pl. die Phänomene
die **Flut**	女 満潮，洪水
	pl. die Fluten
die **Welle**	女 波
	pl. die Wellen
der **Regenbogen**	男 虹
	pl. die Regenbogen
	der **Bogen**：男 カーブ，アーチ，弓，用紙 ⇒ p.244
glänzen	動 輝く
	scheinen：動 輝く

Heute ist es im Norden stürmisch und im Süden sonnig.	今日北部は嵐のような強風が吹いており，南部は晴れています。
In der Ferne blitzt und donnert es.	遠くで稲光がし，雷が鳴っています。
Mitten in der Nacht wurde ich von einem Donnerschlag geweckt.	真夜中，私は落雷に起こされました。
Morgens ist es oft neblig, sodass man vorsichtig fahren muss.	朝方はよく霧がかかるので注意して運転しなければいけません。
Heute war es besonders heiß und schwül, so dass ich extrem geschwitzt habe.	今日は特に蒸し暑かったのでものすごく汗をかきました。
Für kleine Kinder ist menschliche Wärme sehr wichtig.	幼い子どもたちとって，人の温かさはとても重要です。
Viele Experten haben versucht, dieses soziale Phänomen zu erklären.	多くの専門家たちがこの社会現象を説明しようと試みました。
Diese Stadt wurde im vergangenen Jahr durch Fluten beschädigt.	この町は昨年洪水によって被害を受けました。

beschädigen : (~⁴を) 損傷する

Der Wind ist heute stark und die Wellen sind deshalb hoch.	今日は風が強く，それゆえ波が高いです。
Heute Nachmittag war am westlichen Himmel ein Regenbogen zu sehen.	今日の午後，西の空に虹が見えました。
Hier liegt etwas Glänzendes. Es ist ein Ring!	ここに何か光るものがあります。指輪です！

schmelzen*	動 (熱などで)溶ける(s)，(～⁴を)溶かす(h) $e \to i$ 〔schmolz - geschmolzen〕
verbrennen	動 燃えてなくなる(s)，(～⁴を)燃やす(h) 〔verbrannte - verbrannt〕 **brennen**：動 燃える

変化・成長

der **Wandel**	男 変化，変遷 **pl.** die Wandel **sich wandeln**：動 変わる
verwandeln	動 (～⁴をすっかり)変える， **sich** (すっかり)変わる
die **Veränderung**	女 変更，変化 **pl.** die Veränderungen **verändern**：動 (～⁴を)変える，**sich** 変わる
die **Änderung**	女 変更，修正，変化 **pl.** die Änderungen **ändern**：動 (～⁴を)変える
die **Zunahme**	女 増加 **pl.** die Zunahmen **zu|nehmen**：動 増える，太る
die **Abnahme**	女 減少 **pl.** die Abnahmen **ab|nehmen**：動 減る，やせる
wachsen*	動 成長する，増大する $a \to ä$ (s)〔wuchs - gewachsen〕 der/die **Erwachsene**：男女 大人

Bei diesem Wetter schmilzt der Schnee nicht so leicht.

この天気では雪はなかなか溶けません。

Das ganze Holz im Ofen ist verbrannt.

暖炉の木はすべて燃えてしまいました。

Die Stadt ist ständig im Wandel und bietet bei jedem Besuch ein anderes Bild.

その町は常に変化しており，訪れるたびに違う景色を見せてくれます。

Der Prinz wurde in einen Frosch verwandelt.

王子さまはカエルに変身させられてしまいました。

In diesem Jahr gab es bedeutende Veränderungen im Leben der Menschen.

今年は人々の生活に大きな変化がありました。

Gibt es Änderungen bei den für morgen geplanten Veranstaltungen?

明日予定されているイベントに何か変更がありますか。

Die plötzliche starke Zunahme der Arbeitslosigkeit ist ein soziales Problem in dieser Stadt.

失業者の急激な増加はこの町の社会的問題です。

Die Abnahme der Geburtenrate verursacht große Probleme.

出生率の減少は大きな問題を引き起こしています。

die Rate：割合

Die Bevölkerung dieser Stadt wächst weiter.

この町の人口は増え続けています。

das **Wachstum**	中 成長，発展

die **Entwicklung**	女 発展，開発
	pl. die Entwicklungen
	sich entwickeln：動 発展する，成長する

fort|schreiten	動 進捗する，進行する
	(s) 〔schritt...fort - fortgeschritten〕
	der Fortschritt：男 進歩，上達

der **Beginn**	男 初め，開始
	pl. die Beginne
	beginnen：動 始まる，（～⁴ を）始める

der **Ursprung**	男 起源
	pl. die Ursprünge
	ursprünglich：形 もとの，もともとは

die **Dauer**	女 期間，継続
	dauern：動（～の時間が）かかる，続く

dauernd	形 持続的な，絶え間ない

der **Lauf**	男 （時間などの）経過，（事柄の）成り行き
	pl. die Läufe
	laufen：動 走る，歩く　**der Lebenslauf**：男 履歴書

laufend	形 持続的な，現在の

der **Verlauf**	男 （時間などの）経過
	pl. die Verläufe

Die Regierung hat damals das Wachstum der Wirtschaft gefördert.

政府は当時，経済成長を促進しました。

Dies ist ein Buch über die Entwicklung der Kultur unseres Landes.

これはわが国の文化の発展について書かれた本です。

Die Computertechnik schreitet unglaublich schnell fort.

コンピューター技術は信じられない速さで進歩しています。

Ich habe nur den Beginn des Romans gelesen und dann aufgehört zu lesen.

私はその小説の冒頭だけ読んで読むのをやめました。

Das Feuerwerk zu Silvester soll seinen Ursprung in China haben.

大みそかの花火は中国に起源があるといわれています。

Die Dauer der Amtszeit des US-Präsidenten beträgt 4 Jahre.

アメリカ大統領の任期は4年です。

Es regnet dauernd, was für diese Jahreszeit ungewöhnlich ist.

この季節にしては珍しくずっと雨が降っています。

Im Laufe der Zeit ist die Nachfrage nach diesem Produkt gestiegen.

時がたつにつれてこの製品の需要が高まりました。

(im Laufe der Zeit : 時のたつうちに)

Die Miete für den laufenden Monat ist noch nicht überwiesen worden.

今月の家賃がまだ振り込まれていません。

Der Tischtenniswettkampf hat einen spannenden Verlauf genommen.

その卓球の試合はハラハラする展開となりました。

verlaufen＊	動 (事柄が)経過する(s)，(〜へ道などが)伸びている(s)，**sich** 道に迷う(h)　a→ä 〔verlief － verlaufen〕
vorläufig	形 一時的な
der **Prozess**	男 訴訟，過程 *pl.* die Prozesse
die **Weile**	女 しばらくの間
die **Ewigkeit**	女 永遠，非常に長い時間 *pl.* die Ewigkeiten **ewig**：形 永遠の，非常に長い間
die **Frist**	女 期限 *pl.* die Fristen
das **Jahrzehnt**	中 10年 *pl.* die Jahrzehnte
die **Saison**	女 シーズン，最盛期 *pl.* die Saisons
der **Höhepunkt**	男 頂点，クライマックス *pl.* die Höhepunkte die **Höhe**：女 高さ
der **Zeitpunkt**	男 時点 *pl.* die Zeitpunkte

Ist dein erster Tag an der neuen Schule gut verlaufen?

新しい学校での初日はうまくいった？

Wir stehen unter Zeitdruck. Deshalb brauchen wir dringend eine vorläufige Maßnahme.

一刻を争う状況です。それゆえ，至急一時的な措置が必要です。

Er legt mehr Gewicht auf den Prozess als auf das Ergebnis.

彼は結果よりも過程に重きを置きます。

Der Kunde hat eine Weile überlegt, und dann den Laden verlassen, ohne etwas zu kaufen.

その客はしばらくの間じっくり考え，それから何も買わずに店を出ました。

Ich kenne ihn schon seit einer Ewigkeit.

彼のことはもうずっと昔から知っています。

Die Frist für die Bewerbung ist der 31. März.

応募の期限は 3 月 31 日です。

Sie ist seit Jahrzehnten meine beste Freundin.

彼女は私の数十年来の親友です。

Die Spargelsaison steht vor der Tür.

アスパラガスのシーズンが間近です。

vor der Tür stehen：間近にせまっている

Für mich war die Begegnung mit ihm der Höhepunkt meines Lebens.

私にとって彼との出会いが人生のクライマックスでした。

Du kommst immer zum falschen Zeitpunkt.

君はいつも来るタイミングが悪いね。

| die **Sommerzeit** | 女 サマータイム |
| | *pl.* die Sommerzeiten |

der **Werktag**	男 平日
	pl. die Werktage
	das **Werk**：中 (芸術)作品，仕事

| **verlängern** | 動 (〜⁴を)長くする，延長する |

verschieben	動 (〜⁴を)延期する
	[verschob － verschoben]
	schieben：動(〜⁴を)押して動かす ⇒ p.256

| **fort|setzen** | 動 (〜⁴を)続ける |
| | **fort**：副 去って，前方へ，引き続いて |

| die **Fortsetzung** | 女 継続，続き |
| | *pl.* die Fortsetzungen |

| **unterlassen*** a→ä | 動 (〜⁴を)やめる，慎む，怠る |
| | [unterließ － unterlassen] |

| das **Zeitalter** | 中 (歴史的な時代区分としての)時代 |
| | *pl.* die Zeitalter |

| die **Epoche** | 女 (歴史上の特徴的な)時代 |
| | *pl.* die Epochen |

| das **Mittelalter** | 中 中世 |
| | **mittel**：形 中心の，中間の |

Ab morgen gilt in Deutschland die Sommerzeit, so dass der Zeitunterschied zu Japan 7 Stunden beträgt.

ドイツはあすからサマータイムが適用されるので日本との時差は 7 時間になります。

Der Laden ist das ganze Jahr über nur an Werktagen geöffnet.

その店は年間を通して平日しか開いていません。

Die Öffnungszeiten des Supermarkts sind werktags auf 22 Uhr verlängert worden.

そのスーパーマーケットの営業時間が平日は 22 時まで延長されました。

Das Open-Air-Konzert wurde aufgrund von Regen verschoben.

雨のため野外コンサートは延期されました。

Er hat es aufgegeben, seine Reise fortzusetzen, weil ihm das Geld ausgegangen ist.

彼は旅を続けることをあきらめました。なぜならお金を使い果たしたからです。

Dieser Artikel hat eine Fortsetzung.

この記事には続編があります。

Unterlass den Quatsch sofort!

そんなばかばかしいことはすぐにやめろ！

Wir befinden uns im digitalen Zeitalter.

私たちはデジタル時代のさなかにいます。

Seine Erfindung markierte den Beginn einer neuen Epoche.

彼の発明は新しい時代の幕開けとなりました。

Die Häuser in dieser Straße wurden im späten Mittelalter gebaut.

この通りの家々は中世末期に建てられました。

die **Neuzeit**	女 近代（16世紀以降から現代まで）

047
文化・文明

die **Zivilisation**	女 文明
	pl. die Zivilisationen
	zivil：形 民間の，市民の

interkulturell	形 異文化間の

048
社会構造・社会運動

die **Gemeinschaft**	女 共同体，共同
	pl. die Gemeinschaften
	gemeinsam：形 共通の，共同の　**gemein**：形 いやしい，ひどい ⇒ p.260

die **Struktur**	女 構造
	pl. die Strukturen
	strukturieren：動（～⁴を）構成する，構造化する

die **Schicht**	女 層，階層，交代制勤務
	pl. die Schichten

die **Integration**	女 統合
	pl. die Integrationen

integrieren	動（～⁴を）統合する，（～⁴を in ～⁴に）組み入れる

einigen	動（～⁴を）統一する，sich（mit～³ と）意見が一致する，和解する
	einig：形 意見が一致した，統一された

vereinigen	動（～⁴を）ひとつにまとめる

Die Zeit nach dem Mittelalter wird als Neuzeit bezeichnet.

中世の後の時代は近代と呼ばれます。

An den Ufern des Flusses lag eine Stadt mit einer hochentwickelten Zivilisation.

その川のほとりには高度な文明を持つ都市がありました。

Viele Studierende sind an einem interkulturellen Austausch interessiert.

多くの学生が異文化交流に興味を持っています。

Die Europäische Gemeinschaft wurde von 6 Ländern gegründet.

欧州共同体は 6 カ国で発足しました。

Die Gesellschaftsstrukturen verändern sich nur langsam.

社会構造はゆっくりとしか変化しません。

Diese Gesellschaftsschicht bestimmt die Politik des Landes.

この社会層が国の政治を決めています。

Ich interessiere mich für die Geschichte der europäischen Integration.

私は欧州統合の歴史に興味があります。

Kroatien wurde 2013 in die EU integriert.

クロアチアは 2013 年に EU に加盟しました。

Nach langen Diskussionen haben wir uns auf ein Urlaubsziel geeinigt.

長い話し合いの末，私たちは休暇の行き先に合意しました。

Dieses Foto zeigt Leute, die sich über ein vereinigtes Deutschland freuen.

この写真には統一ドイツに喜ぶ国民の姿が写っています。

die **Einheit**	女 統一，(計量・時間・通貨などの) 単位
	pl. die Einheiten

einheitlich	形 ひとつにまとまった，均一の

die **Öffentlichkeit**	女 大衆，世間
	öffentlich：形 公共の

die **Mehrheit**	女 大多数，過半数，多数派
	pl. die Mehrheiten
	mehr：形 より多くの

die **Minderheit**	女 少数，少数派
	pl. die Minderheiten
	minder：形 より少ない

die **Reform**	女 改革
	pl. die Reformen

gleichberechtigt	形 同等の権利を持った
	das **Recht**：中 法，権利，正当性　**berechtigen**：動 (～⁴に zu ～³ をする) 権利を与える

die **Initiative**	女 主導権，市民運動 (団体)
	pl. die Initiativen

die **Teilnahme**	女 参加，関心
	pl. die Teilnahmen
	teilnehmen：動 (an ～³ に) 参加する

der/die **Teilnehmer/-in**	男 女 参加者
	pl. die Teilnehmer/-innen

sich beteiligen	動 (an ～³ に) 参加する

Der Tag der Deutschen Einheit ist der dritte Oktober.

ドイツ統一記念日は 10 月 3 日です。

Diese Länder verwenden eine einheitliche Währung.

これらの国々は単一通貨を使用しています。

Die Schauspielerin hat ihre Heirat der Öffentlichkeit bekannt gegeben.

その俳優は結婚を世間に発表しました。

Die Mehrheit der Abgeordneten ist für den Gesetzentwurf.

国会議員の大多数がこの法案に賛成しています。

Die Muslime sind eine religiöse Minderheit in dieser Region.

イスラム教徒はこの地域では宗教的少数派です。

der/die Muslim/-in：イスラム教徒

Dieses System bedarf einer radikalen Reform.

この制度は抜本的な改革が必要です。

Sind Männer und Frauen in Ihrem Land gleichberechtigt?

あなたの国では男女平等ですか。

Gegen den Bau des Flughafens hat sich eine Bürgerinitiative gebildet.

空港の建設に反対する市民運動のグループが結成されました。

Wir freuen uns auf die Teilnahme der jüngeren Generation.

若い世代の参加を心待ちにしています。

Ich kenne etwa 20 der Teilnehmer dieses Symposiums.

このシンポジウムの参加者のうちの 20 人くらいは知り合いです。

Auch mehrere Zuschauer beteiligten sich in dieser Sendung an der Debatte.

何人かの視聴者もこの番組内で討論に参加しました。

| der **Anspruch** | 男 要求，（権利などの）主張 |
| | pl. die Ansprüche |

die **Forderung**	女 要求，要請
	pl. die Forderungen
	fordern：動 (～⁴を) 要求する

| die **Demonstration** | 女 デモ |
| | pl. die Demonstrationen |

| **demonstrieren** | 動 デモをする |

| der **Protest** | 男 抗議 |
| | pl. die Proteste |

| **protestieren** | 動 抗議する |

der **Widerstand**	男 抵抗
	pl. die Widerstände
	wider：動 ～⁴に反対して

| **widerstehen** | 動 (～³に) 抵抗する |
| | 〔widerstand － widerstanden〕 |

🎧 **危機・社会問題**

| die **Krise** | 女 危機 |
| | pl. die Krisen |

| die **Katastrophe** | 女 大災害，破局 |
| | pl. die Katastrophen |

Telefongespräche mit dieser Person nehmen immer viel Zeit in Anspruch.

この人との電話での会話はいつもずいぶん時間がかかります。

~⁴ in Anspruch nehmen：(~⁴を) 要求する，必要とする

Die Forderungen der Arbeitnehmer wurden teilweise erfüllt.

被雇用者たちの要求は一部かなえられました。

Viele Bürger haben an Demonstrationen gegen den Krieg teilgenommen.

多くの市民たちが戦争反対のデモに参加しました。

Viele Studierende demonstrierten gegen dieses Gesetz.

多くの学生たちがこの法律に反対するデモをしました。

Die Bürger haben heftigen Protest gegen diese Entscheidung zum Ausdruck gebracht.

市民たちはこの決定に対して激しい抗議の意を表しました。

zum Ausdruck bringen：(~⁴を) 言葉に表す

Manche Leute protestierten gegen die Pläne der Stadt.

一部の人々は市の計画に抗議しました。

Der Bau einer Sportanlage stieß in der Bevölkerung auf heftigen Widerstand.

スポーツ施設の建設は住民の激しい抵抗にあいました。

Die Einwohner haben dem Feind mutig widerstanden.

住民たちは敵に勇敢に抵抗しました。

Das Land hat in der Vergangenheit verschiedene Krisen erlebt.

この国は過去にさまざまな危機を経験しました。

Im vergangenen Jahr gab es in der Region eine schwere Katastrophe.

昨年この地方で大きな災害がありました。

das **Chaos**	中 混沌，無秩序

chaotisch	形 混乱した，混沌とした

der **Konflikt**	男 紛争，葛藤 *pl.* die Konflikte

der **Weltkrieg**	男 世界大戦 *pl.* die Weltkriege <small>der **Krieg**：男 戦争</small>

aus|brechen* <small>du brichst...aus er bricht...aus</small>	動 突発する (s) 〔brach...aus － ausgebrochen〕

drohen	動 (〜³を)脅す，(危険などが〜³に)迫る

die **Umweltverschmutzung**	女 環境汚染 *pl.* die Umweltverschmutzungen

verschmutzen	動 (〜⁴を)汚染する <small>**schmutzig**：形 不潔な</small>

<small>050</small> 〔職場・労働〕

die **Tätigkeit**	女 活動，(職業としての)仕事 *pl.* die Tätigkeiten

<small>**tätig**：形 勤めている，仕事をしている　**berufstätig**：形 職についている</small>

selbstständig	形 自立した，自営の (＝ selbständig)

<small>**selbst**：副 自分で</small>

Ich habe meine Kindheit im Chaos des Krieges verbracht.

私は幼少期を戦争の混乱の中で過ごしました。

Mein Sohn lernt in einem chaotischen Zimmer, weil er überhaupt nicht aufräumt.

私の息子はまったく片づけをしないので散らかった部屋で勉強しています。

Der lange Konflikt zwischen den beiden Ländern scheint endlich beendet zu sein.

両国の長い間の紛争はようやく終わったようです。

Während des Zweiten Weltkriegs lebte ich bei meinen Verwandten.

私は第二次世界大戦中は親戚のもとで暮らしていました。

1914 ist der Erste Weltkrieg ausgebrochen.

1914 年に第 1 次世界大戦が勃発しました。

Armut und Hunger drohen diesen Ländern.

貧困と飢えがこれらの国々に迫っています。

Das Land hat strenge Maßnahmen gegen die Umweltverschmutzung geplant.

国は厳しい環境汚染対策を計画しました。

Der Rauch aus diesen Fabriken verschmutzt die Luft dieser Stadt.

これらの工場からの煙はこの町の大気を汚染しています。

In seiner Freizeit beschäftigt er sich mit künstlerischen Tätigkeiten.

彼は余暇には芸術活動をしています。

Ein Japaner machte hier bei uns eine Ausbildung zum Bäcker und hat sich dann in Japan mit einer Bäckerei selbstständig gemacht.

ある日本人がうちでパン屋の修業をし，その後日本でパン屋を始めました。

sich selbstständig machen：独立する

179

der/die **Arbeitgeber/-in**	男 女 雇用主
	pl. die Arbeitgeber/-innen

der/die **Arbeitnehmer/-in**	男 女 被雇用者
	pl. die Arbeitnehmer/-innen

der/die **Arbeitslose**	男 女 失業者
	pl. die Arbeitslosen
	arbeitslos：形 失業している

der/die **Auszubildende**	男 女 職業訓練生　　短縮形：Azubi
	pl. die Auszubildenden
	die **Ausbildung**：女 職業教育

der/die **Praktikant/-in**	男 女 実習生
	pl. die Praktikanten/Praktikantinnen
	das **Praktikum**：中 実習

die **Praxis**	女 実践
	pl. die Praxen

der/die **Vorgesetzte**	男 女 上司
	pl. die Vorgesetzten

der/die **Vertreter/-in**	男 女 代理人，代表者
	pl. die Vertreter/-innen
	vertreten：動 (〜^{4}の) 代理をする

übernehmen* du übernimmst er übernimmt	動 (任務など^{4}を) 引き継ぐ，引き受ける 〔übernahm - übernommen〕

zuständig	形 (für 〜^{4}の) 権限がある，担当の

Viele **Arbeitgeber** sind gegen den Gesetzentwurf.

多くの雇用主はその法案に反対しています。

Die **Arbeitnehmer** haben höhere Löhne gefordert.

被雇用者たちは賃金の引き上げを要求しました。

Die Zahl der **Arbeitslosen** in diesem Land steigt von Jahr zu Jahr.

この国の失業者数は年々増加しています。

Auszubildende dürfen nicht länger als 8 Stunden am Tag arbeiten.

職業訓練生は一日8時間以上働くことは禁止されています。

Meine Schwester ist **Praktikantin** bei einer Bank.

私の姉（妹）は銀行で実習生をしています。

Seine Kenntnisse sind ausreichend, aber es fehlt ihm noch an **Praxis**.

彼の知識は十分ですが，実践がまだ不足しています。

Ich mag meinen neuen **Vorgesetzten** nicht so gern.

私は新しい上司があまり好きではありません。

Sie ist als **Vertreterin** ihrer Chefin gekommen.

彼女はチーフの代理で来ました。

Mein Chef wird bald pensioniert und dann **übernehme** ich seine Aufgaben.

上司はまもなく退職し，私が彼の業務を引き継ぎます。

Wir sind für dieses staatliche Projekt **zuständig**.

私たちはこの国家プロジェクトを担当しています。

fähig	形 有能な
	die **Fähigkeit**：女 能力，才能
leisten	動 (～⁴を)成し遂げる，(特定の名詞を目的語として)行う，sich³ (～⁴を)奮発して買う
	～³ Hilfe leisten：(～⁴を)助ける
	die **Leistung**：女 業績，成績
der **Einsatz**	男 投入，使用
	pl. die Einsätze
ein|setzen	動 (～⁴を)投入する
die **Teilzeit**	女 パートタイム
	der **Teil**：男 部分
die **Öffnungszeiten**	複 開館時間，営業時間
	öffnen：動 (～⁴を)開ける，(店などが)開く
der **Feierabend**	男 終業，閉店
	pl. die Feierabende
die **Überstunde**	女 時間外労働
	pl. die Überstunden
die **Einnahme**	女 収入，(薬の)服用
	pl. die Einnahmen
	das **Einkommen**：中 収入　das **Gehalt**：中 (定期的に支払われる)給料

Sie ist durchaus fähig, diese schwierige Aufgabe zu übernehmen.	彼女はこの難しい業務を引き受けるにはまったく十分な能力を持っています。
Sie hat bedeutende Beiträge in der Weltraumforschung geleistet.	彼女は宇宙研究において著しい貢献をしました。
Für die Steigerung der Produktion ist der Einsatz von modernen Maschinen erforderlich.	増産のためには近代的な機械の投入が必要です。
Die Chefin hat ihre ganze Kraft für die Verwirklichung des Projekts eingesetzt.	チーフはプロジェクト実現のために全力を尽くしました。
Ich arbeite seit letztem Jahr Teilzeit bei dieser Firma.	私は昨年からこの会社でパートをしています。
Auf der Homepage finden Sie die Öffnungszeiten des Museums und die Eintrittspreise.	ホームページに美術館の開館時間と入場料が載っています。
Wir machen für heute Feierabend!	今日はこれで閉店です！
Ich muss heute Überstunden machen, um meine Arbeit zu beenden.	仕事を終わらせるために今日は残業しなければなりません。
In diesem Monat werden die Ausgaben voraussichtlich die Einnahmen übersteigen.	今月は支出が収入を上回る見込みです。

übersteigen：(〜⁴を) 上回る

183

ein|nehmen * du nimmst...ein er nimmt...ein	動 (金額など ⁴ を収入として) 得る, (薬 ⁴ を) 服用する 〔nahm...ein - eingenommen〕
dienen	動 (~ ³ に) 仕える, (~ ³ の) 役に立つ der **Dienst**：男 勤務
entlassen *	動 (~ ⁴ を) 解雇する 〔entließ - entlassen〕 a→ä
die **Entlassung**	女 解雇 pl. die Entlassungen
kündigen	動 (契約 ⁴ などの) 解約を通知する, (~ ³ に) 解雇を通告する
die **Kündigung**	女 解雇通知 pl. die Kündigungen
die **Konferenz**	女 会議 pl. die Konferenzen die **Sitzung**：女 会議　die **Versammlung**：女 集会, 会議
die **Präsentation**	女 提示, プレゼンテーション pl. die Präsentationen
präsentieren	動 (~ ⁴ を) 提示する, プレゼンする
die **Visitenkarte**	女 名刺 pl. die Visitenkarten

Das neue Geschäft hat im letzten Monat viel eingenommen.	その新しい店は先月多くの収入がありました。
Regelmäßige Bewegung dient der Gesundheit.	定期的な運動は健康にいいです。
Viele Arbeitnehmer wurden aufgrund der wirtschaftlichen Lage des Unternehmens entlassen.	多くの被雇用者がその企業の経済状況ゆえに解雇されました。
Die Firma hat ihm gestern seine Entlassung mitgeteilt.	会社は昨日彼に解雇を通知しました。
Wenn Sie aus einer Mietwohnung ausziehen, müssen Sie drei Monate vorher den Mietvertrag kündigen.	賃貸物件から引っ越すのであれば，3カ月前に賃貸契約の解約を申し入れなければなりません。
Viele Angestellte dieser Firma haben vor zwei Monaten ihre Kündigung bekommen.	この会社の多くの社員は2か月前に解雇通知を受け取りました。
Ich nehme nächste Woche an einer internationalen Konferenz in Bern teil.	私は来週ベルンで行われる国際会議に参加します。
Die Präsentation ist von den Anwesenden positiv aufgenommen worden.	そのプレゼンは出席者たちに好評でした。
Er bereitet sich darauf vor, seine Ideen für neue Produkte zu präsentieren.	彼は新商品のアイデアをプレゼンする準備をします。
Kann ich Ihre Visitenkarte haben?	名刺をいただけますか。

die **Kantine**	女 (会社などの)社員食堂
	pl. die Kantinen
	die **Mensa**：女 学生食堂

christlich	形 キリスト教の
	der/die **Christ/-in**：男 女 キリスト教徒

katholisch	形 カトリック教の

evangelisch	形 プロテスタントの (福音派の)
	protestantisch とほぼ同義

der **Papst**	男 教皇，ローマ法王
	pl. die Päpste

der/die **Priester/-in**	男 女 聖職者，(カトリック)司祭
	pl. die Priester/-innen

der/die **Pfarrer/-in**	男 女 (プロテスタント)牧師，(カトリック)主任司祭
	pl. die Pfarrer/-innen

der/die **Mönch/Nonne**	男 女 修道士／修道女
	pl. die Mönche/Nonnen

das **Kloster**	中 修道院
	pl. die Klöster

der **Tempel**	男 (キリスト教以外の宗教の)神殿，寺院
	pl. die Tempel

Normalerweise esse ich mit meinen Kollegen in der Kantine zu Mittag.

普段は同僚たちと社員食堂で昼食をとります。

Die Architektur vereint islamische und christliche Elemente.

その建築物はイスラム教とキリスト教の要素を合わせ持っています。

Diese katholische Kirche wurde Anfang des 13. Jahrhunderts erbaut.

このカトリック教会は13世紀初めに建てられました。

erbauen：（比較的大きな建物⁴を）建てる

Die Frauenkirche in Dresden ist eine der meist besuchten evangelischen Kirchen in Deutschland.

ドレスデンの聖母教会はドイツで最も多く訪問されるプロテスタント教会の一つです。

Der Papst wird von vielen Menschen in der ganzen Welt respektiert.

ローマ法王は世界中の多くの人たちに尊敬されています。

Der Priester stellt dann der Braut dieselbe Frage.

司祭はそれから同じ質問を花嫁にします。

In der Kirche hält der Pfarrer gerade Gottesdienst.

教会ではちょうど牧師が礼拝を行っているところです。

Der Name der Stadt München kommt von Mönch.

ミュンヘンという町の名前はMönch（修道士）から来ています。

In diesem Kloster wird seit dem Mittelalter Bier hergestellt.

この修道院では中世からビールが作られています。

Zu Neujahr besuchen viele Japaner einen Tempel oder einen Schrein.

元旦に多くの日本人はお寺か神社を訪れます。

der Schrein：神社

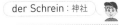

der **Gottesdienst**	男 礼拝，（カトリック）ミサ
	pl. die Gottesdienste
	der **Dienst**：男 勤務
läuten	動 （鐘が）鳴る
	laut：形（声や音が）大きい
das **Paradies**	中 楽園，天国
	pl. die Paradiese
die **Hölle**	女 地獄
	pl. die Höllen
der **Engel**	男 天使
	pl. die Engel
der **Teufel**	男 悪魔
	pl. die Teufel
der **Glaube**	男 信念，信仰
	glauben：動（～⁴ と）思う，信じる
die **Tugend**	女 徳，美点
	pl. die Tugenden
moralisch	形 道徳上の，品行方正な
	die **Moral**：女 モラル，道徳

国家・政治

052

einheimisch	形 その土地（生まれ）の，（自）国内の
	das **Heim**：中 自宅
die **Metropole**	女 首都，大都市
	pl. die Metropolen

Als Kind besuchte ich sonntags mit meiner Großmutter den Gottesdienst.

子どものころ毎週日曜日に祖母とミサに行きました。

Die Glocken des Rathauses läuten fünfmal am Tag.

その市庁舎の鐘は1日に5回鳴ります。

Adam und Eva mussten das Paradies verlassen.

アダムとイブは楽園を去らなければなりませんでした。

Ich habe im Krieg die Hölle erlebt.

私は戦争で地獄を経験しました。

Das Christkind hat die Form eines Engels.

クリストキントは天使の姿をしています。

クリストキント：クリスマスにプレゼントを運んでくるといわれている天使

Wer zum Teufel hat meine Schuhe versteckt!

いったい誰が私の靴を隠したんだ！

zum Teufel：いったいぜんたい（いらだちを込めて）

Sein religiöser Glaube wurde von Tag zu Tag stärker.

彼の信仰心は日に日に強くなりました。

Höflichkeit gilt als eine japanische Tugend.

礼儀正しさは日本人の美徳とされています。

Wir müssen die Regeln befolgen und moralisch handeln.

私たちはルールを守り，品行方正でなければなりません。

Es ist dringend notwendig, die einheimische Industrie zu fördern.

国内産業の振興が急務です。

Europa hat viele attraktive Metropolen, wie zum Beispiel London, Paris und Berlin.

ヨーロッパには，ロンドン，パリ，ベルリンなど魅力的な大都市がたくさんあります。

das **Bundesland**	中 連邦州 *pl.* die Bundesländer der **Bund**：男 同盟，結束
die **Region**	女 地方，地域 *pl.* die Regionen
die **Gemeinde**	女 地方自治体 *pl.* die Gemeinden **gemein**：形 いやしい，ひどい ⇒ p.260
städtisch	形 市(町)の，市(町)立の die **Stadt**：女 町，都市
der/die **Bürgermeister/-in**	男 女 市長 *pl.* die Bürgermeister/-innen der/die **Bürger/-in**：男女 市民，国民
das **Ministerium**	中 (行政上の)省 *pl.* die Ministerien der/die **Minister/-in**：男女 大臣
die **Behörde**	女 官庁 *pl.* die Behörden
das **Amt**	中 公職，職務，官庁 *pl.* die Ämter
amtlich	形 公の，官公庁の
offiziell	形 公式の，正式の

Kannst du die Hauptstädte aller 16 deutschen Bundesländer nennen?

ドイツ全16州の州都を言える？

Der Mangel an Arbeitskräften ist in dieser Region ein ernstes Problem.

労働力不足がこの地域では深刻な問題です。

Die kleinste Gemeinde der Region hat nur 50 Einwohner.

その地方の最も小さな地方自治体の住民はたったの50人です。

Wir besuchen jetzt das städtische Museum in der Altstadt.

私たちはこれから旧市街にある市立博物館を訪れます。

Die Amtszeit von Bürgermeistern in Bayern beträgt 6 Jahre.

バイエルン州の市長の任期は6年です。

Das Bundesministerium des Inneren und für Heimat wurde 1949 gegründet.

連邦内務省は1949年に設立されました。

Ich soll mich an die zuständigen Behörden wenden.

所轄の官庁に問い合わせるように言われました。

Er hat das Amt des Präsidenten dieses Vereins übernommen.

彼はこの協会の会長の職を引き受けました。

Für den Bau eines Hauses braucht man eine amtliche Genehmigung.

家を建築するためには当局の許可が必要です。

Diese traurige Tatsache wurde leider offiziell bestätigt.

この悲しい事実は残念ながら公式に確認されました。

der **Reichstag**	男 （ドイツ連邦共和国の現）国会議事堂 *pl.* die Reichstage das **Reich**：中 国，主権
der/die **Vorsitzende**	男 女 議長，会長 *pl.* die Vorsitzenden
der/die **Abgeordnete**	男 女 国会議員 *pl.* die Abgeordneten
der/die **Kandidat/-in**	男 女 （選挙などの）候補者 *pl.* die Kandidaten/Kandidatinnen
regieren	動 （～⁴を）統治する die **Regierung**：女 政府
die **Verwaltung**	女 管理，管理機関，行政機構 *pl.* die Verwaltungen
verwalten	動 （～⁴を）管理する
die **Maßnahme**	女 処置，対策 *pl.* die Maßnahmen
die **Botschaft**	女 大使館，知らせ *pl.* die Botschaften
der/die **Diplomat/-in**	男 女 外交官 *pl.* die Diplomaten/Diplomatinnen
diplomatisch	形 外交の，外交的手腕のある

192

Der Reichstag kann besichtigt werden, und darin befindet sich auch ein Dachgartenrestaurant.	（ドイツの）国会議事堂は見学可能です。その中にはルーフガーデンレストランもあります。
Sie ist seit vielen Jahren Vorsitzende einer internationalen Organisation.	彼女は長年ある国際的な組織の会長を務めています。
Er war drei Amtszeiten lang Abgeordneter des Bundestages.	彼は3期，連邦議会議員を務めました。

der Bundestag: 連邦議会

Etwa die Hälfte der Kandidaten dieser Partei wurde gewählt.	この政党の候補者のうち約半分が当選しました。
Das Land wird seit langem von Königen regiert.	この国は長い間，王様によって統治されています。
Die Stadtverwaltung möchte das Denkmal restaurieren.	市当局はその記念碑を修復したいと考えています。

restaurieren：(美術品，建築物など⁴を) 修復する

Die Grünanlagen werden von der Stadt verwaltet.	（公園などの）緑地施設は市によって管理されています。
In dieser Notlage müssen schnellstens Maßnahmen getroffen werden.	この非常事態においては早急に対策が取られなければなりません。
Die Botschaft von Japan hatte bis 1999 ihren Sitz in Bonn.	日本大使館は1999年までボンにありました。
Mein Neffe interessierte sich seit seiner Kindheit für fremde Kulturen und ist heute als Diplomat tätig.	私のおいは子どものころから外国文化に興味があり，いまは外交官の仕事をしています。
Die beiden Staaten unterhalten seit langem diplomatische Beziehungen.	両国は長らく外交関係を維持しています。

die **Demokratie**	女 民主主義 *pl.* die Demokratien
sozialistisch	形 社会主義の **sozial**：形 社会の
liberal	形 自由主義の, 偏見のない
neutral	形 中立の, 無難な

🎧 軍
⁰⁵³

das **Militär**	中 (総称として)軍, 軍隊
die **Armee**	女 軍隊 *pl.* die Armeen
an|greifen	動 (〜⁴を)攻撃する 〔griff...an - angegriffen〕 **greifen**：動 (〜へ)手を伸ばす, (〜⁴を)つかむ
der **Angriff**	男 攻撃, 着手 *pl.* die Angriffe
verteidigen	動 (〜⁴を)守る, 弁護する, sich 弁明する
die **Verteidigung**	女 防御, 弁護 *pl.* die Verteidigungen
der **Befehl**	男 命令 *pl.* die Befehle **befehlen**：動 (〜³に〜⁴を)命令する

Länder, in denen Demokratie und
Freiheit herrschen, sind friedlich.

民主主義と自由が支配する国
は平和です。

Die Volksrepublik China ist ein
sozialistischer Staat.

中華人民共和国は社会主義国
家です。

Die Freie Demokratische Partei ist
eine liberale Partei in Deutschland.

FDP（自由民主党）はドイツの
自由主義政党です。

Er verhält sich stets neutral.

彼は常に中立的な態度をとり
ます。

Ich konnte nicht zum Militär gehen,
weil ich auf einem Auge blind bin.

私は片目が見えなかったので
軍隊に入れませんでした。

Auch ausländische Freiwillige
kämpfen in dieser Armee.

外国の志願兵もこの軍隊で戦
っています。

Gestern sind mehrere Websites
deutscher Behörden angegriffen
worden.   die Website：ウェブサイト

昨日，ドイツ官庁のいくつか
のウェブサイトが攻撃されま
した。

Die Regierung hat dieses Projekt
endlich in Angriff genommen.

政府はようやくこのプロジェ
クトに着手しました。

~⁴ in Angriff nehmen：（~⁴に）着手する

Er hat sich erfolgreich gegen die
Vorwürfe verteidigt.

彼はそれらの非難に対し，首
尾よく弁明しました。

Die lange Mauer wurde zur
Verteidigung gegen äußere Feinde
errichtet.

その長い壁は外敵からの防御
のために築かれました。

Die Soldaten haben die Befehle
ausgeführt.

兵士たちは命令を実行しました。

die **Fahne**	女 旗
	pl. die Fahnen

das **Gewehr**	中 銃
	pl. die Gewehre

der **Pfeil**	男 矢，矢印
	pl. die Pfeile

das **Schwert**	中 剣，刀
	pl. die Schwerter

🎧 法律・規則・秩序
054

gesetzlich	形 法律の，法的な
	das **Gesetz**：中 法律

die **Verfassung**	女 憲法
	pl. die Verfassungen
	verfassen：動 (~⁴を) 執筆する，作成する ⇒ p.120

die **Vorschrift**	女 指示，規則
	pl. die Vorschriften
	die **Regel**：女 規則

ein|halten*	動 (約束・期限など⁴を) 守る
du hältst…ein er hält…ein	〔hielt…ein - eingehalten〕

der **Grundsatz**	男 原則，主義，信条
	pl. die Grundsätze
	der **Grund**：男 理由，基礎，土地

grundsätzlich	形 原則的な，基本的な

das **Prinzip**	中 原理，原則，主義
	pl. die Prinzipien

Im Stadion wehen die Fahnen beider Länder im Wind.

スタジアムでは両国の国旗が風になびいています。

Der Täter hat mit einem Gewehr auf die Frau geschossen.

犯人は銃でその女性を撃ちました。

In diesem Museum sind alte Bögen und Pfeile ausgestellt.

この博物館には昔の弓矢が展示されています。

Diese Münze hat auf der Vorderseite das Bild eines Löwen mit einem Schwert.

このコインの表は剣を持ったライオンの絵です。

In Gaststätten ist das Rauchen gesetzlich verboten.

レストランでは喫煙は法律で禁止されています。

Der ausländische Student recherchiert über die japanische Verfassung.

その留学生は日本の憲法について研究しています。

Sie müssen diese Vorschriften einhalten, wenn Sie hier parken möchten.

ここに駐車したい場合にはこれらの規則を守らなければなりません。

Er hat die Termine niemals eingehalten.

彼は一度も期限を守ったことがありません。

Einer der Grundsätze des Christentums ist die Nächstenliebe.

キリスト教の原則の一つは隣人愛です。

das Christentum：キリスト教

Grundsätzlich bin ich mit eurer Entscheidung einverstanden.

原則的には君たちの決定に同意した。

Im Prinzip ist es richtig, dass Geld glücklich macht. im Prinzip：原則的には

お金が人を幸福にするということは原則的には正しいです。

197

| der/die **Angeklagte** | 男 女 被告人 |
| | *pl.* die Angeklagten |

klagen：動 (über ～⁴ について)苦痛を訴える，苦情を言う　an|klagen：動 (～⁴ を)起訴する

| der/die **Zeuge/Zeugin** | 男 女 目撃者，証人 |
| | *pl.* die Zeugen/Zeuginnen |

| die **Gerechtigkeit** | 女 正義，公平 |
| | *pl.* die Gerechtigkeiten |

gerecht：形 正当な，公平な ⇒ p.272

| **regeln** | 動 (～⁴ を)整える，規制する |

die **Regel**：女 規則

| **bestrafen** | 動 (～⁴ を)罰する |

die **Strafe**：女 罰，罰金

| **befreien** | 動 (～⁴ を)自由にする，解放する |

frei：形 (座席などが)空いている，自由な

| die **Kontrolle** | 女 検査，監視，制御 |
| | *pl.* die Kontrollen |

| **kontrollieren** | 動 (～⁴ を)統制する，検査する |

| **beschränken** | 動 (～⁴ を)制限する |

die **Schranke**：女 柵，境界

| **begrenzen** | 動 (～⁴ を)制限する，(～⁴ の)境界 をなす |

die **Grenze**：女 境界　grenzen：動 (an ～⁴ に)隣接する

Er wird morgen als Angeklagter vor
Gericht stehen.

彼はあす被告人として法廷に
立つ予定です。

Mein Bruder ist als Zeuge dieses
Vorfalls vor Gericht geladen.

私の兄（弟）はこの事件の証人
として法廷に召喚されました。

Gerechtigkeit ist eine Basis der
Demokratie.

公平性は民主主義の一つの基
礎です。

Die Polizistin regelt an der Kreuzung
den Verkehr.

警察官は交差点で交通整理を
します。

Wer sich nicht an diese Regeln hält,
wird streng bestraft.

これらの規則を守らない人は
厳重に処罰されます。

Die unschuldigen Menschen wurden
endlich befreit.

無実の人たちがようやく解放
されました。

Er hat wegen einer Reifenpanne
die Kontrolle über sein Fahrzeug
verloren.

彼はタイヤのパンクが原因で車
のコントロールを失いました。

Die Bürger wurden damals von der
Regierung streng kontrolliert.

市民たちは当時，政府によっ
て厳しく統制されていました。

Die Zahl der Teilnehmenden an
dieser Veranstaltung ist beschränkt.

この催し物の参加人数は限ら
れています。

Auf dieser Strecke ist die
Geschwindigkeit auf 80 km/h begrenzt.

この区間は時速 80 キロに制
限されています。

---

verpflichten	動 (〜⁴を)義務づける
	die **Pflicht**：女 義務

die **Kriminalität**	女 (総称として)犯罪(行為)
	der **Krimi**：男 推理小説

der **Diebstahl**	男 窃盗 *pl.* die Diebstähle **stahl** < **stehlen**：動 (〜⁴を)盗む

der/die **Dieb/-in**	男 女 どろぼう *pl.* die Diebe/Diebinnen

ein|brechen＊ du brichst...ein er bricht...ein	動 (in 〜⁴に)盗みに入る(s), (bei/ in 〜³に)盗みに入る(h) 〔brach...ein - eingebrochen〕

um|bringen	動 (〜⁴を)殺す 〔brachte...um - umgebracht〕 **töten**：動(〜⁴を)殺す **ermorden**：動(〜⁴を)殺す

der **Mord**	男 殺人 *pl.* die Morde

der/die **Mörder/-in**	男 女 殺人犯 *pl.* die Mörder/-innen

der/die **Täter/-in**	男 女 犯人 *pl.* die Täter/-innen die **Tat**：女 行為

der **Tatort**	男 犯行現場 *pl.* die Tatorte

Im Mittelalter waren die Bauern verpflichtet, Militärdienst zu leisten.

中世では農民たちは兵役につくことが義務づけられていました。

Die Kriminalität in dieser Gegend hat deutlich zugenommen.

この地域での犯罪は明らかに増加しました。

Der Mann wurde wegen Diebstahls auf frischer Tat festgenommen.

その男は窃盗の現行犯で逮捕されました。

auf frischer Tat：現行犯で

Ein Dieb hat ein Fenster eingeschlagen und ist ins Haus eingestiegen.

泥棒は窓を割って家の中へ侵入しました。

Gestern wurde in mein Haus eingebrochen.

昨日私の家に泥棒が入りました。

Der Mann hat seine Frau mit Gift umgebracht.

その男は彼の妻を毒で殺害しました。

Im Juli ereignete sich an dieser Stelle ein Mord.

7月にこの場所で殺人事件が起きました。

Der Mörder versteckte sich mehrere Tage im Wald.

殺人犯は数日間森の中に隠れていました。

Die Täter sind noch nicht gefasst.

犯人たちはまだ捕まっていません。

Wir haben den Tatort mehrmals untersucht, konnten aber keine Hinweise finden.

私たちは何度も犯行現場を調べましたが手がかりを見つけられませんでした。

der/die **Verbrecher/-in**	男 女 犯罪者
	pl. die Verbrecher/-innen
	das **Verbrechen**：中 犯罪
die **Flucht**	女 逃走，逃亡
	fliehen：動 逃げる
verfolgen	動 (〜⁴を)追う，たどる
	folgen：動 (〜³に)ついて行く　die **Folge**：女 結果，連続　**folgend**：形 次の
verhaften	動 (〜⁴を)逮捕する
fest|nehmen*	動 (〜⁴を)逮捕する
du nimmst...fest er nimmt...fest	〔nahm...fest － festgenommen〕
das **Gefängnis**	中 刑務所
	pl. die Gefängnisse
	gefangen < **fangen**：動 (〜⁴を)捕まえる
schuld	形 (an 〜³について)責任がある

die **Schuld**：女 (過ちなどの)責任，罪，【複数で】借金　**schuldig**：形 責任のある，有罪の

finanzieren	動 (〜⁴を)財政的に援助する，(〜⁴に)融資する
	finanziell：形 財政上の
fördern	動 (〜⁴を)促進する，援助する
der **Gewinn**	男 利益，当たりくじ，(くじの)賞金
	pl. die Gewinne
	gewinnen：動 (〜⁴に)勝つ，(〜⁴を)獲得する

Der Verbrecher ist noch auf freiem Fuß.

その犯罪者はまだ逃走中です。

auf freiem Fuß sein：逃走中である

Der Täter hat keine Spuren hinterlassen und ist noch auf der Flucht.

犯人たちは何の手がかりも残しておらず，いまだに逃走中です。

Die Täter, die von der Polizei verfolgt werden, haben den Hafen offenbar schon verlassen.

警察に追跡されている犯人たちはすでに港を出たようです。

Aufgrund eines Missverständnisses wäre ich fast verhaftet worden.

誤解によりあやうく逮捕されるところでした。

Die Polizei hat im Kasino mehrere Männer festgenommen.

警察はカジノで数人の男たちを逮捕しました。

Das Leben hier ist wie im Gefängnis.

ここでの生活はまるで刑務所にいるようです。

Sie ist schuld an diesem Verkehrsunfall.

この交通事故は彼女のせいです。

Diese Forschung ist staatlich finanziert.

この研究は国から資金援助を受けています。

Die Regierung versucht, den Handel mit afrikanischen Ländern zu fördern.

政府はアフリカ諸国との貿易を促進しようとしています。

Er verkauft Tomaten, Gurken und anderes Gemüse mit einem kleinen Gewinn.

彼はトマトやキュウリなどの野菜を売ってわずかな利益を得ています。

der **Verlust**	男 失うこと，損失
	pl. die Verluste
	verlieren：動 (〜⁴を)失う，なくす

| **kommerziell** | 形 商業の，営利的な |

| **geschäftlich** | 形 商売上の，ビジネスの |

der/die **Geschäftsmann/** **Geschäftsfrau**	男 女 実業家，ビジネスマン
	pl. die Geschäftsleute
	das **Geschäft**：中 商店

| der/die **Kaufmann/Kauffrau** | 男 女 商人，商社員 |
| | *pl.* die Kaufleute |

der/die **Händler/-in**	男 女 商人
	pl. die Händler/-innen
	der **Handel**：男 商売，貿易，商業

die **Konkurrenz**	女 競争，競技会，競争相手
	pl. die Konkurrenzen
	der **Wettbewerb**：男 競技会，(企業間の)競争　**konkurrieren**：動 競争する

werben* e→i	動 (für 〜⁴のために)宣伝する，(um 〜⁴を)得ようと努める
	[warb - geworben]
	die **Werbung**：女 宣伝　**sich bewerben**：動 (um 〜⁴に)応募する

| die **Reklame** | 女 広告，宣伝，宣伝用チラシ |
| | *pl.* die Reklamen |

| die **Nachfrage** | 女 需要 |
| | *pl.* die Nachfragen |

Die Verluste des Unternehmens werden immer größer.	その企業の損失はどんどん増えていきます。
Weihnachten ist in Japan eher kommerziell als religiös.	クリスマスは日本においては宗教的というより商業的です。
Ich reise manchmal geschäftlich in die Schweiz.	私は時々仕事でスイスに行きます。
Die Messe wird wahrscheinlich von vielen Geschäftsleuten besucht werden.	見本市には多くのビジネスパーソンたちが訪れるでしょう。
Kaufleute aus der ganzen Welt versammeln sich hier.	世界中の商社員たちがここに集まります。
Ich habe diesen Teppich in Marokko bei einem Teppichhändler gekauft.	私はこのじゅうたんをモロッコでじゅうたん商人から買いました。
Die Apotheke hat in diesem kleinen Dorf gar keine Konkurrenz.	その薬局はこの小さな村ではまったく商売がたきがいません。
Die Firma wirbt intensiv für das neue Produkt.	その会社は集中的にその新製品を宣伝します。
Die Reklame an Bushaltestellen ist groß und bunt, und daher sehr auffällig.	バス停にある広告は大きくてカラフルなのでとても目立ちます。
Die Nachfrage nach diesem Produkt steigt ständig.	この製品の需要は絶えず上昇しています。

der **Bedarf**	男 必要，需要
das **Bedürfnis**：中 欲求，必要 ⇒ p.30　**bedürfen**：動（～²を）必要とする	

der **Rabatt**	男 割引 _pl._ die Rabatte

die **Ermäßigung**	女 値下げ，割引 _pl._ die Ermäßigungen

garantieren	動（～⁴／für ～⁴を）保証する
die **Garantie**：女 保証	

die **Auswahl**	女 選択，品数
aus|wählen：動（～⁴を）選び出す　die **Wahl**：女 選択，選挙	

der **Vorrat**	男 蓄え，在庫 _pl._ die Vorräte

erhältlich	形 入手可能な
erhalten：動（～⁴を）受け取る	

eröffnen	動（～⁴を）開業する，(口座⁴を)開く
öffnen：動（～⁴を）開ける，(店などが)開く	

ein|führen	動（～⁴を）輸入する，導入する
führen：動 通じる，案内する　die **Einführung**：女 導入，入門 ⇒ p.102	

aus|führen	動（～⁴を）実行する，輸出する

transportieren	動（～⁴を）運搬する，輸送する

Die Medikamente können bei Bedarf eingenommen werden.

その薬は必要な時に服用することができます。

bei Bedarf：必要な時に

Sie erhalten 20 Prozent Rabatt auf alle Waren.

すべての商品が 20 パーセント割引になります。

Wenn Sie einen Studierendenausweis haben, erhalten Sie Ermäßigung.

学生証を持っていれば割引が受けられます。

Ich garantiere, dass dieser Wein von guter Qualität ist.

このワインが良い品質であることを保証します。

Dieses Geschäft ist klein, hat aber eine gute Auswahl an Produkten.

このお店は小さいですが品ぞろえは豊富です。

Der Artikel ist sofort lieferbar, aber nur solange der Vorrat reicht.

商品はすぐにお届け可能です。ただし在庫がある場合に限ります。

Das Medikament ist nicht in Drogerien, sondern nur in Apotheken erhältlich.

その薬はドラッグストアにはなく薬局でしか手に入りません。

Im Stadtzentrum wurde ein modernes Café eröffnet.

町の中心にモダンなカフェがオープンしました。

Japan führt viele Rohstoffe ein.

日本は多くの原料を輸入しています。

Das Land führt hauptsächlich Kaffeebohnen aus.

その国は主にコーヒー豆を輸出しています。

Diese LKWs transportieren Lebensmittel für den Export.

これらのトラックは輸出用の食料品を運搬します。

die **Mehrwertsteuer**	🟥女 付加価値税
	pl. die Mehrwertsteuern
	der **Wert**：🟦男 価値

| **netto** | 🔶副 正味で，手取りで |

| **brutto** | 🔶副 税込みで |

| **materiell** | 🔶形 物質の，金銭的な |

| das **Bargeld** | 🟩中 現金 |
| | **bar**：🔶形 現金の，はだかの |

| das **Taschengeld** | 🟩中 こづかい銭，ポケットマネー |
| | *pl.* die Taschengelder |

| der **Scheck** | 🟦男 小切手 |
| | *pl.* die Schecks |

der **Betrag**	🟦男 金額
	pl. die Beträge
	betragen：🔶動 (～⁴ の) 額・数値になる

die **Zahlung**	🟥女 支払い
	pl. die Zahlungen
	zahlen：🔶動 支払う

| **ein|zahlen** | 🔶動 (お金⁴ を) 払い込む |
| | **bezahlen**：🔶動 (～⁴ の代金を) 支払う |

Die Mehrwertsteuer in Deutschland beträgt 7 Prozent oder 19 Prozent.	ドイツの付加価値税は 7 または 19 パーセントです。
Mein Gehalt beträgt 3.200 Euro netto.	私の給料は手取りで 3200 ユーロです。
Das Gehalt meines Vaters beträgt 8.000 Euro brutto.	父の給料は税込みで 8000 ユーロです。
Sein Leben scheint nur materiell erfüllt zu sein.	彼の生活は物質的にのみ満たされているように思えます。
Ich habe im Moment kein Bargeld dabei.	私はいま現金を持ち合わせていません。
Meine Oma hat mir 10 Euro Taschengeld gegeben.	おばあちゃんが私に 10 ユーロおこづかいをくれました。
Kann ich per Scheck bezahlen? —Nein, bar oder mit Kreditkarte.	小切手で支払うことはできますか。——いいえ，現金かクレジットカードのみです。
Diesen Betrag kann ich nicht bezahlen!	この金額を払うことはできません！
Ich weiß nicht, warum meine Kreditkarte bei einer Online-Zahlung nicht akzeptiert wurde.	なぜ私のクレジットカードがオンライン決済で使用できなかったのか分かりません。
Die Miete muss bis morgen auf das Konto des Vermieters eingezahlt werden.	あすまでに家賃を大家さんの口座に払い込まなければなりません。

überweisen	動 (お金⁴を)振り込む 〔überwies - überwiesen〕
die **Überweisung**	女 振込 *pl.* die Überweisungen
der **Zins**	男 利子，金利 *pl.* die Zinsen
gratis	副 無料で **kostenlos**：形 無料の
umsonst	副 無料で，むだに
pauschal	形 ひとまとめの，一括した
sparsam	形 倹約的な **sparen**：動 貯金する，節約する
spenden	動 (～⁴を)寄付する die **Spende**：女 寄付

消費・交換

verbrauchen	動 (～⁴を)消費する
verschwenden	動 (～⁴を)浪費する die **Verschwendung**：女 浪費，無駄遣い
der **Konsum**	男 (特に食料品の)消費，消費量

210

Mein Gehalt wird monatlich auf dieses Konto überwiesen.	私の給料は毎月この口座に振り込まれます。
Die Online-Überweisung hat aus irgendeinem Grund nicht funktioniert.	オンラインでの振り込みは何らかの理由でうまくいきませんでした。
Die Zinsen sind schon lange sehr niedrig.	金利はもう長い間非常に低いです。
Wenn Sie dieses Menü bestellen, erhalten Sie dazu gratis Pommes frites.	このセットを注文するとフライドポテトが無料でつきます。
Wer heute in den Supermarkt gegangen ist, hat ein Dutzend Bierdosen umsonst gekriegt.	今日そのスーパーに行った人は缶ビール1ダースを無料でもらいました。
Hast du deinen Urlaub wieder pauschal gebucht?	休暇はまたまとめて（包括旅行を）予約したの？
Wir müssen sparsam sein, um nach Spanien reisen zu können.	スペインへ旅行に行けるように倹約しなければなりません。
Ich habe für eines der Projekte der Universität gespendet.	私は大学のあるプロジェクトに寄付しました。
Ich möchte ein Auto kaufen, das nicht viel Benzin verbraucht, egal ob neu oder gebraucht.	ガソリンを多く消費しない車を買いたいです。新車でも中古でもかまいません。
Sie verschwendet zu viel Zeit und Geld für ihre Hobbys.	彼女は時間とお金を趣味に浪費しすぎています。
Der Konsum von Milch ist in letzter Zeit zurückgegangen.	最近牛乳の消費量が減少しました。

zurück|gehen：（数値などが）減少する

konsumieren	動 (〜⁴を)消費する
der **Umtausch**	男 交換，両替 *pl.* die Umtäusche <small>der **Austausch**：男 交換</small>
um|tauschen	動 (〜⁴を)交換する，両替する <small>**tauschen**：動(〜⁴を)交換する</small>
der **Wechsel**	男 交替，交換，変化 *pl.* die Wechsel

<small>**wechseln**：動(〜⁴を)取り替える，両替する　**verwechseln**：動(〜⁴を)取り違える</small>

🎧 060 **産業**

industriell	形 工業の，産業の <small>die **Industrie**：女 工業，産業</small>
das **Handwerk**	中 手工業 *pl.* die Handwerke
die **Werkstatt**	女 (職人の)作業場，(自動車などの)修理工場，アトリエ *pl.* die Werkstätten <small>das **Werk**：中 (芸術)作品，仕事</small>
das **Werkzeug**	中 道具 *pl.* die Werkzeuge
die **Produktion**	女 生産，生産物 *pl.* die Produktionen <small>das **Produkt**：中 製品　**produzieren**：動(〜⁴を)生産する</small>
produktiv	形 生産的な，創造的な

Auf diesem Fest werden große Mengen an Bier und Wein konsumiert.

このお祭りでは大量のビールとワインが消費されます。

Hier steht „Reduzierte Waren sind vom Umtausch ausgeschlossen."

ここに「セール品は交換できません」と書いてあります。

Wo kann ich Euro in Yen umtauschen?

どこでユーロを円に両替できますか。

Der Trainer kündigte einen Spielerwechsel an.

監督は選手の交代を告げました。

Um 1750 begann die industrielle Revolution in England.

1750 年ごろ，産業革命がイギリスで始まりました。

Der Tag des Handwerks ist in Deutschland am dritten Samstag im September.

手工業の日はドイツでは 9 月の第三土曜日です。

Ich arbeite als Automechanikerin in einer Werkstatt.

私は自動車修理工場で自動車整備工として働いています。

Die Schere ist eines der wichtigsten Werkzeuge des Friseurs.

ハサミは美容師のもっとも重要な仕事道具の一つです。

In der Fabrik können die Besucher den Produktionsprozess beobachten.

その工場では訪問者が生産過程を見ることができます。

Die Angestellten sollen produktiver arbeiten.

社員たちはもっと生産的に働くべきです。

die **Erfindung**

女 発明，発明品
pl. die Erfindungen
erfinden：動 (~⁴を) 発明する

die **Erfindung**	女 発明，発明品 *pl.* die Erfindungen **erfinden**：動 (~^{4}を) 発明する

🎧 061 **素材・加工品**

das **Metall**	中 金属 *pl.* die Metalle
der **Stahl**	男 鋼鉄，鋼（はがね） *pl.* die Stähle
das **Kupfer**	中 銅 das **Gold**：中 金　das **Silber**：中 銀
eisern	形 鉄の，(鉄のように) 強固な das **Eisen**：中 鉄
der **Beton**	男 コンクリート *pl.* die Betone/Betons
künstlich	形 人工の，不自然な ⇔ **natürlich**：副 もちろん 形 自然のままの，天然の
der **Kunststoff**	男 プラスチック，合成樹脂 *pl.* die Kunststoffe der **Stoff**：男 布地，物質，題材
das **Plastik**	中 プラスチック，合成樹脂
der **Marmor**	男 大理石
das **Porzellan**	中 磁器 *pl.* die Porzellane

214

Dies sind alles Erfindungen einer Hausfrau.

これらはすべてある主婦の発明品です。

In dieser Werkstatt wird das Metall von Hand bearbeitet.

この工房では金属が手作業で加工されます。

Das Haus besteht aus Stahl und Beton und ist deswegen erdbebensicher.

その家は鋼鉄とコンクリートでできているので地震に強いです。

Er sammelt alte Münzen aus Kupfer.

彼は古い銅貨を集めています。

Die Verwirklichung dieses Traums erfordert einen eisernen Willen.

この夢の実現のためには確固たる意志が必要です。

erfordern：（～⁴を）必要とする

Ich möchte mein neues Haus aus Beton bauen lassen.

新居はコンクリートで建ててもらいたいです。

Künstliche Kleidungsstoffe trage ich nicht gern.

化学繊維の洋服の生地を身につけるのは好きではありません。

Diese Tasche besteht aus Kunststoff und ist deshalb wasserfest.

このかばんは（ビニールやナイロンなどの）合成樹脂でできているので耐水性があります。

Ich habe immer eine Einkaufstasche dabei, weil ich keine Plastiktüten verwenden will.

ビニール袋を使用したくないのでいつも買い物袋を持ち歩いています。

Alle Säulen in dieser Halle sind aus Marmor.

このホールの柱はすべて大理石でできています。

Meißen, berühmt für sein Porzellan, liegt in Sachsen.

磁器で有名なマイセンはザクセン州にあります。

die **Seide**	女 絹
	pl. die Seiden
	die **Baumwolle**：女 木綿　die **Wolle**：女 毛
der **Faden**	男 糸，（話などの）つながり
	pl. die Fäden
das **Stroh**	中 わら
die **Pappe**	女 厚紙
	pl. die Pappen
	das **Papier**：中 紙
der **Karton**	男 厚紙，段ボール箱
	pl. die Kartons
das **Brett**	中 板
	pl. die Bretter
	die **Tafel**：女 板，黒板

das **Atom**	中 原子
	pl. die Atome
das **Kraftwerk**	中 発電所
	pl. die Kraftwerke
	die **Kraft**：女 力
chemisch	形 化学の
	die **Chemie**：女 化学
der/die **Chemiker/-in**	男 女 化学者
	pl. die Chemiker/-innen

Dieser Seidenschal ist angenehm zu tragen.

このシルクのスカーフはつけ心地がよいです。

Entschuldigung, ich habe den Faden der Unterhaltung verloren.

すみません，私は話の流れが分からなくなりました。

Am Ende des Karnevals werden Puppen aus Stroh verbrannt.

カーニバルの最後にはわらでできた人形が燃やされます。

Alle diese Gegenstände sind aus Pappe hergestellt.

これらの品はすべて厚紙で作られています。

Ich habe 10 Kartons für meinen Umzug gekauft.

私は引っ越し用に段ボール箱を 10 箱買いました。

Ich habe einen Teilzeitjob an einem Schwarzen Brett der Universität gefunden.

私は大学の掲示板でアルバイトを見つけました。

das Schwarze Brett：掲示板

2011 ereignete sich in Japan ein schwerer Atomunfall.

2011 年，日本で重大な原発事故が発生しました。

Das Atomkraftwerk ist momentan nicht in Betrieb.

その原子力発電所は現在稼働していません。

Der Pullover und der Rock müssen chemisch gereinigt werden.

そのセーターとスカートはドライクリーニングしなければなりません。

Der Vater des berühmten Chemikers Alfred Nobel war Ingenieur.

有名な化学者アルフレッド・ノーベルの父はエンジニアでした。

217

das **Element**	中 元素，構成要素
	pl. die Elemente

das **Labor**	中 実験室
	pl. die Labore
	das **Institut**：中 研究所

die **Elektrizität**	女 電気，電力

elektrisch	形 電気の，電動の
	elektronisch：形 電子(工学)の

der **Strom**	男 大河，流れ，電流
	pl. die Ströme
	der **Fluss**：男 川

die **Medien**	複 媒体，メディア
	das **Medium**：中 媒介物

die **Presse**	女 (総称として)新聞雑誌，ジャーナリズム

der **Bericht**	男 報告(書)，報道，記事
	pl. die Berichte
	berichten：動 (über ~⁴ / von ~³ について)報告する，報道する

die **Meldung**	女 報道，報告，届け出
	pl. die Meldungen

melden：動 (~⁴を)報じる　die **Anmeldung**：女 申し込み，届け出，住民登録　**sich anmelden**：動 申し込む

Eisen ist ein chemisches Element und zugleich ein Metall.	鉄は化学元素であり同時に金属です。
Sie arbeitet seit dem letzten Jahr im chemischen Labor des Instituts.	彼女は昨年からこの研究所の化学実験室に勤務しています。
Die Tabelle zeigt den Elektrizitätsverbrauch pro Kopf in Bayern seit 1970.	この表は 1970 年以降のバイエルン州の一人当たりの電力消費量を示しています。
Ein E-Bike ist ein Fahrrad mit elektrischem Hilfsmotor.	イーバイク（電動自転車）は電動補助モーターを搭載した自転車です。
Das Gebiet ist seit gestern ohne Strom.	その地域は昨日から停電しています。
Die meisten Medien haben nicht über den Vorfall berichtet.	ほとんどのメディアはその事件について報じませんでした。
Alle Passagiere des abgestürzten Flugzeugs haben überlebt, berichtet die Presse.　ablstürzen：墜落する	墜落した飛行機の乗客は全員生存していると報じられています。
Dieser Bericht wurde von einem japanischen Journalisten verfasst.	この記事は日本のジャーナリストによって書かれました。
Diese Meldung kam vor zwei Tagen im Fernsehen.	このニュースは 2 日前にテレビで流れました。

die **Neuigkeit**	女 ニュース，新しいこと
	pl. die Neuigkeiten
	die **Nachricht**：女 ニュース，知らせ
die **Serie**	女 シリーズ，（記事，番組などの）シリーズもの
	pl. die Serien
das **Fernsehen**	中 テレビ(放送)
	der **Fernseher**：男 テレビ　**fern|sehen**：動 テレビを見る
der **Rundfunk**	男 ラジオ(放送)，（ラジオ)放送局
	die **Runde**：女 一回り ⇒ p.146
übertragen*	動 （〜⁴をテレビ・ラジオなどで）中継放送する
	〔übertrug - übertragen〕　a→ä
vermitteln	動 （〜³に〜⁴を）仲介する，（情報など⁴を）伝える
	das **Mittel**：中 手段
die **Vermittlung**	女 仲介，仲裁
	pl. die Vermittlungen
die **Mitteilung**	女 知らせ，通知
	pl. die Mitteilungen
	mit|teilen：動 （〜³に〜⁴を）知らせる
sich verbreiten	動 （情報などが）広まる
	breit：形 幅の広い

Gibt es Neuigkeiten bei dir?—Ja, ich bin umgezogen.	君に何か新しいことあった？ ——うん，引っ越したよ。
Ich sehe gern amerikanische Krimiserien.	私はアメリカの推理ドラマを見るのが好きです。
Der Wetterbericht beginnt in 5 Minuten im Fernsehen.	テレビでは5分後に天気予報が始まります。
Manche Sendungen des staatlichen Rundfunks finde ich ziemlich interessant.	国営放送局の一部の番組はかなりおもしろいと思います。
Das Fußballweltmeisterschaftsspiel wird jetzt live im Fernsehen übertragen.	サッカーワールドカップの試合がいまテレビで生中継されています。
Er hat mir einen Arbeitsplatz vermittelt.	彼は私に職場をあっせんしてくれました。
Dank seiner Vermittlung haben wir eine gute Wohnung gefunden.	彼の仲介のおかげで私たちはいい住まいを見つけました。
Ich habe zuerst eine mündliche und später auch eine schriftliche Mitteilung erhalten.	私はまず口頭での，のちに文書での通知も受け取りました。
Schnell verbreitete sich das Gerücht, dass der Schauspieler bald wieder heiratet.	その俳優がまもなく再婚するといううわさはすぐに広まりました。

der **Lautsprecher**	男 スピーカー，拡声器
	pl. die Lautsprecher

der **Laut**：男 音，声，音声

出版・印刷物

veröffentlichen	動 (～⁴ を)公表する，出版する

öffentlich：形 公共の　die **Veröffentlichung**：女 出版

herauslgeben＊	動 (～⁴ を)出版する，編集する
du gibst...heraus er gibt...heraus	〔gab...heraus - herausgegeben〕

heraus：副 (外から見て)外へ

der/die **Redakteur/-in**	男 女 編集者
	pl. die Redakteure/Redakteurinnen

die **Überschrift**	女 表題，(新聞などの)見出し
	pl. die Überschriften

der **Titel**：男 題名，称号

die **Einleitung**	女 序文
	pl. die Einleitungen

das **Kapitel**	中 (本の)章
	pl. die Kapitel

der **Abschnitt**	男 (書物などの)章，(文章の)段落， (人生などの)時期
	pl. die Abschnitte

schnitt＜**schneiden**：動 (～⁴ を)切る　**ablschneiden**：動 (～⁴ を)切り離す

der **Anhang**	男 付録
	pl. die Anhänge

anlhängen：動 (～⁴ を)掛ける，(～⁴ を)付け加える

Bitte achten Sie auch auf die Lautsprecheransagen am Bahnsteig.

ホームでの（スピーカーからの）アナウンスにも注意を払ってください。

die Ansage：アナウンス　der Bahnsteig：プラットホーム

Das neueste Buch der beliebten Schriftstellerin wird morgen veröffentlicht.

その人気作家の最新作はあす出版されます。

Von diesem Verlag wurde das Gesamtwerk des Dichters herausgegeben.

この出版社からその詩人の全集が出版されました。

Sie ist die verantwortliche Redakteurin für den Sportteil dieser Zeitung.

彼女はこの新聞のスポーツ部門の編集責任者です。

Meiner Meinung nach passt die Überschrift nicht zu diesem Artikel.

私の考えでは，その見出しはこの記事に合っていません。

Ich habe die Einleitung dieses Buches gelesen und die Lust verloren, weiterzulesen.

この本の序文を読んで，先を読む気が失せました。

Ich werde heute das letzte Kapitel dieses Romans zu Ende lesen.

私は今日，この小説の最終章を読み終えるつもりです。

Bitte fassen Sie diesen Abschnitt mit eigenen Worten zusammen.

この段落を自分の言葉で要約してください。

Ausführliche Erläuterungen zu den einzelnen Begriffen finden Sie im Anhang zu dieser Veröffentlichung.

個々の概念の詳細な説明は本書の付録に載っています。

| die **Lektüre** | 女 読み物 |
| | pl. die Lektüren |

| das **Lexikon** | 中 事典 |
| | pl. die Lexika |

| das **Manuskript** | 中 原稿 |
| | pl. die Manuskripte |

der **Beitrag**	男 寄与, 寄稿
	pl. die Beiträge
	bei|tragen：動 (zu ~³ に)寄与する

| das **Exemplar** | 中 サンプル, (本などの)部 |
| | pl. die Exemplare |

| der/das **Prospekt** | 男 中 (宣伝用の)パンフレット |
| | pl. die Prospekte |

| die **Broschüre** | 女 (薄い仮とじの)小冊子 |
| | pl. die Broschüren |

| die **Zensur** | 女 検閲, (学校での)評点 |
| | pl. die Zensuren |

die **Vorbereitung**	女 準備
	pl. die Vorbereitungen
	vor|bereiten：動 (~⁴ の)準備をする

| die **Urkunde** | 女 (事実を証明する)文書, 証書 |
| | pl. die Urkunden |

Diese Lektüre ist für
Germanistikstudierende geeignet.

この読み物はドイツ学を専攻
している学生に適しています。

Im Bücherregal des Arbeitszimmers
meines Vaters steht ein Lexikon von
mehr als 30 Bänden.

私の父の書斎の本棚には 30
巻以上からなる事典が並んで
います。

Ich habe ein Manuskript für den
Vortrag vorbereitet.

私は講演のための原稿を準備
しました。

Ich habe die Professoren um Beiträge
für eine Festschrift gebeten.

教授たちに記念論集への寄稿
をお願いしました。

Als erste Auflage des Buches wurden
3000 Exemplare gedruckt.

その本の初版として 3000 部
が印刷されました。

die Auflage：(本の) 版

Ich habe das Reisebüro gebeten,
mir kostenlos Reiseprospekte zu
schicken.

私は旅行会社に無料で旅行の
パンフレットを送ってくれる
よう頼みました。

Hier haben Sie die Möglichkeit,
Stadtpläne oder Broschüren als
PDF-Dateien herunterzuladen.

ここから市街地図や冊子を
PDF データとしてダウンロー
ドすることが可能です。

Die Zensur von Büchern war damals
streng.

当時は書籍の検閲が厳しかっ
たです。

Der fünfte Band dieser
Gedichtsammlung ist noch in
Vorbereitung.

この詩集の第 5 巻の出版はま
だ準備中です。

in Vorbereitung sein：準備中である

Ich brauche einige Unterlagen, um
eine Geburtsurkunde zu beantragen.

出生証明書の申請のため、い
くつかの書類が必要です。

der **Nachweis**	男 証明，証拠
	pl. die Nachweise
	der **Ausweis**：男 身分証明書

| **lauten** | 動 （～という）文面である，（～と）書いてある，（判決などが auf ～⁴ という）内容である |

| **laut** | 前 ～²または～³によれば |

| der **Betreff** | 男 ～の件 |
| | *pl.* die Betreffe |

| **betreffen*** | 動 （～⁴に）関係する |
| | [betraf - betroffen] |

e→i

der **Bezug**	男 関係，関連
	pl. die Bezüge
	die **Beziehung**：女 関係，関連 **sich beziehen**：動 （auf ～⁴ に）関連する

die **Rückseite**	女 裏面，裏側
	pl. die Rückseiten
	der **Rücken**：男 背中 die **Seite**：女 側，ページ

| **bearbeiten** | 動 （～⁴を）加工する，手直しする，処理する |

| **aus\|füllen** | 動 （用紙など⁴に）記入する |
| | **füllen**：動 （容器など⁴を）満たす |

ein|tragen*	動 （～⁴を）記入する
du trägst...ein	[trug...ein - eingetragen]
er trägt ...ein	

Der Nachweis des Studienabschlusses muss in der Personalabteilung abgegeben werden. 大学卒業証明書は人事部に提出しなければなりません。

Das Urteil lautet auf zwei Jahre Gefängnis. 判決は懲役 2 年です。

Laut Rechnung sollten eigentlich 200 Stück dieses Produkts geliefert worden sein. 請求書によるとこの製品は本来 200 個納入されたはずなのですが。

Die Betreffzeile erscheint unter dem Absender der Mail. 件名はメール送信者の下に表示されます。

Was mich betrifft, so habe ich keine Einwände. 私に関していえば異論はありません。

In Bezug auf Ihre Anzeige melde ich mich bei Ihnen. 新聞広告の件でご連絡しております。

in Bezug auf ~⁴ : ～に関して

Schreiben Sie Ihre Postleitzahl, Ihre Adresse, Ihren Vor- und Familiennamen und Ihre Telefonnummer auf die Rückseite. 裏面に郵便番号，住所，姓名，そして電話番号を書いてください。

Diese Anfrage muss schnell bearbeitet werden. この問い合わせはすぐに処理しなければなりません。

Füllen Sie dieses Formular aus, wenn Sie das Schloss besichtigen möchten. お城を見学したい場合にはこの用紙にご記入ください。

Bitte tragen Sie sich in die Liste ein. 名簿に名前をご記入ください。

beantragen	動 (ビザなど⁴を) 申請する
	der **Antrag**：男 申請
erneuern	動 (〜⁴を) 新しくする，更新する
gültig	形 有効な
	gelten：動 有効である，(als 〜と) みなされている
genehmigen	動 (〜³に〜⁴を) 許可する
die **Genehmigung**	女 許可，許可証
	pl. die Genehmigungen
gestatten	動 (〜⁴を) 許す
	erlauben：動 (〜³に〜⁴を) 許可する
die **Verzeihung**	女 許し
	pl. die Verzeihungen
	verzeihen：動 (〜⁴を) 許す
zu|lassen* du lässt...zu er lässt...zu	動 (〜⁴を) 認める，許可する 〔ließ...zu - zugelassen〕
gewähren	動 (〜³に希望するもの⁴を) 与える，認める，(〜³の願いなど⁴を) かなえてやる
an|erkennen	動 (〜⁴を) 承認する 〔erkannte...an - anerkannt〕
erkennen：動 (〜⁴を) 見分ける，(〜⁴だと) 分かる，(〜⁴に) 気づく die **Anerkennung**：女 承認	

Ich bin zur Botschaft gegangen, um ein Visum zu beantragen.

ビザを申請するために大使館に行きました。

Ich muss meinen Reisepass bald erneuern.

私はまもなくパスポートの更新をしなければなりません。

Ihr Reisepass und Ihr Führerschein sind nicht mehr gültig.

あなたのパスポートと運転免許証はもう有効期限が切れています。

Die Stadt hat den Bau des Gebäudes genehmigt.

市はその建物の建築を許可しました。

Mehrere von uns haben noch keine Genehmigung zur Einreise erhalten.

われわれのうちの数人はまだ入国許可をもらっていません。

die Einreise：入国

Gestatten Sie? —Ja, natürlich!

失礼します（人の前通るときなど）。——はい，どうぞ（もちろんです）。

Der Bundeskanzler hat für die Toten gebetet und die Familien der Opfer um Verzeihung gebeten.

連邦首相は死者の冥福を祈り，犠牲者たちの家族に許しを請いました。

Wir sind zum Studium zugelassen worden.

私たちは大学入学を許可されました。

Der Schriftsteller hat dem Journalisten nach langem Zögern ein Interview mit ihm gewährt.

その作家は長いことためらった後そのジャーナリストにインタビューを承認しました。

Diese Privatschule ist staatlich anerkannt.

この私立の学校は国に承認されています。

durch|lesen*	動 (〜⁴を)通読する　du liest...durch / er liest...durch 〔las...durch - durchgelesen〕
markieren	動 (〜⁴に)印をつける，(〜⁴を)標示する
notieren	動 (〜⁴を)メモする
die **Notiz**	女 メモ *pl.* die Notizen
vernichten	動 (〜⁴を)全滅させる，(文書など⁴を)破棄する

066

unterstützen	動 (〜⁴を)援助する，支持する

die **Unterstützung**：女 援助　**stützen**：動 (〜⁴を)支える

betreuen	動 (〜⁴の)世話をする，面倒をみる

treu：形 忠実な，誠実な　der/die **Betreuer/-in**：男女 世話役

die **Betreuung**	女 世話，看護，世話人 *pl.* die Betreuungen
die **Pflege**	女 世話，介護，手入れ **pflegen**：動 (〜⁴の)世話をする
die **Rettung**	女 救助 *pl.* die Rettungen **retten**：形 (〜⁴を)救う

230

Die Sekretärin hat den Brief durchgelesen und ihn dann der Chefin übergeben.

秘書はその手紙を通読し、それを部長に渡しました。

übergeben : (~⁴を) 手渡す

Dieses Ereignis könnte das Ende einer Epoche des Friedens markieren.

この出来事は平和な時代の終焉を示しているものかもしれません。

Die Sekretärin hat die Namen der Teilnehmenden der politischen Versammlung notiert.

秘書は政治集会の参加者の名前をメモしました。

Sie machen sich fleißig in ihren Heften Notizen.

彼らは熱心にノートにメモを取ります。

Unter diesem Regime sind viele Bücher und Dokumente vernichtet worden.

この政権下では多くの書籍や文書が破棄されました。

das Regime : (軽蔑的に) 政権

Die wissenschaftliche Untersuchung wird finanziell unterstützt.

その学術調査は資金援助を受けています。

Er arbeitet in einer Abteilung, die ausländische Studierende betreut.

彼は留学生の世話をする部署で働いています。

Im Kindergarten bin ich für die Betreuung der vierjährigen Kinder zuständig.

幼稚園で私は4歳児のお世話を担当しています。

Einige ältere Menschen, die allein leben, brauchen Pflege.

何人かの一人暮らしの高齢者は介護を必要としています。

Die Rettung erfolgte in letzter Minute.

救助はぎりぎりで行われました。

erfolgen : (物事が) 行われる

der **Rollstuhl**	男 車いす
	pl. die Rollstühle
	rollen：動 転がる，(〜⁴を)転がす

das **Altenheim/Altersheim**	中 老人ホーム
	pl. die Altenheime/Altersheime

067
🎧 **トラブル・失敗**

der **Unfall**	男 事故
	pl. die Unfälle

der **Vorfall**	男 出来事，事件
	pl. die Vorfälle

sich ereignen	動 (事件などが)起こる
	das **Ereignis**：中 できごと，事件

problematisch	形 問題のある，疑わしい
	das **Problem**：中 問題

der **Notfall**	男 緊急事態，非常事態
	pl. die Notfälle
	die **Not**：女 貧困，苦境，必要　der **Fall**：男 場合，ケース

das **Risiko**	中 リスク
	pl. die Risiken
	die **Gefahr**：女 危険

riskieren	動 (〜⁴の)危険を冒す，(〜⁴を)危険にさらす

das **Geräusch**	中 物音，騒音
	pl. die Geräusche
	der **Lärm**：男 騒音

Nach dem Verkehrsunfall musste sie eine Zeit lang einen Rollstuhl benutzen.

交通事故の後，彼女はしばらく車いすを使用しなくてはなりませんでした。

Das Altersheim liegt auf einem Hügel und man hat von dort aus eine schöne Aussicht.

その老人ホームは丘の上にあり見晴らしがよいです。

Ein 21-jähriger Autofahrer ist bei dem Unfall schwer verletzt worden.

21歳の運転手はその事故の際に重傷を負いました。

Dieser Vorfall veränderte sein Leben total.

この出来事は彼の人生をすっかり変えました。

Der Vorfall ereignete sich, als ich von zu Hause weg war.

その事件は私が家を留守にしているときに起きました。

Dieser Fehler ist nicht so problematisch.

この間違いはそれほど問題ではありません。

Drücken Sie im Notfall diese Taste.

緊急事態の際にはこのボタンを押してください。

Herausforderungen sind meistens mit Risiken verbunden.

挑戦にはたいていリスクがつきものです。

Er hat sein Leben riskiert, um das Mädchen zu retten.

彼はその女の子を救うために命を賭けました。

Ich höre ein lautes Geräusch aus dem Flur.

廊下から大きな物音が聞こえます。

das **Hindernis**	中 障害(物) *pl.* die Hindernisse **verhindern**：動(～⁴を)阻止する
behindern	動 (～⁴を)妨げる
hindern	動 (～⁴が an ～³するのを)妨げる
quälen	動 (～⁴を)苦しめる die **Qual**：女 苦痛, 心痛
verwirren	動 (～⁴を)混乱させる, 動揺させる
der **Druck**	男 圧力, 圧迫, 印刷 *pl.* die Drucke **drucken**：動(～⁴を)印刷する　**drücken**：動(～⁴を)押す
zwingen	動 (～⁴に zu ～³を)強いる 〔zwang － gezwungen〕
der **Zwang**	男 強制, 圧力 *pl.* die Zwänge
bedrohen	動 (～⁴を)脅す
belasten	動 (～⁴に)負荷をかける, (～⁴を)苦しめる
die **Last**	女 荷物, 重荷, 重圧, 負担 *pl.* die Lasten

Auf dem Weg zum Ziel gibt es keine Hindernisse mehr.	ゴールまでの道のりにもう障害はありません。
Ständiger Lärm aus dem oberen Stock behinderte ihn bei der Arbeit.	上階からの絶え間ない騒音が彼の仕事の妨げになりました。
Er hat sie daran gehindert, wieder mit dem Rauchen anzufangen.	彼は彼女が再びタバコを吸い始めることを阻止しました。
Hohes Fieber und Bauchschmerzen quälten mich die ganze Nacht.	高熱と腹痛に一晩中苦しめられました。
Unerwartete Fragen von einer Schülerin haben den Lehrer verwirrt.	一人の生徒からの予期せぬ質問は先生を動揺させました。
Diesen psychischen Druck kann ich nicht mehr ertragen.	この心理的圧迫に私はもう耐えられません。
Damals war ich gezwungen zu arbeiten, auch wenn es mir schlecht ging.	当時は体調が悪くても働くことを強いられました。
Dieses Papier habe ich nur unter Zwang unterschrieben!	私はこの書類に無理やりサインさせられたのです！
Der Bankräuber hat den Bankangestellten bedroht und dann das Geld mitgenommen.	銀行強盗は銀行員を脅して金を奪いました。

der/die Bankräuber/-in：銀行強盗

Der Tod seiner Mutter belastete ihn sehr.	彼の母の死は彼を非常に苦しめました。
Ich fürchte, ich bin eine Last für alle.	私がみなの重荷になっていないか心配です。

235

lästig	形 重荷になる，わずらわしい
der **Umstand**	男 事情，（複数で）わずらわしいこと *pl.* die Umstände ohne alle Umstände：さっさと
geraten*	動 (in 予期しない状況⁴に）陥る (s) 〔geriet － geraten〕 du gerätst / er gerät
ersetzen	動 (~⁴を）取り替える，（~⁴の）代わりをする
der **Ersatz**	男 代わりの人／もの
das **Fundbüro**	中 遺失物取扱所 *pl.* die Fundbüros **finden**：動 (~⁴を）…と思う，（~⁴を）見つける
der **Misserfolg**	男 失敗 *pl.* die Misserfolge der **Erfolg**：男 成果，成功　**erfolgreich**：形 成功した
scheitern	動 失敗する (s)
schief|gehen	動 うまくいかない (s) 〔ging...schief － schiefgegangen〕 **schief**：形 傾いた，的はずれの

Die täglichen E-Mails von ihm sind mir einfach nur lästig.	毎日来る彼からのメールは私にはとにかくわずらわしいだけです。
Unter Umständen komme ich morgen etwas später.	場合によってはあす少し遅れます。

unter Umständen：場合によっては

Sie ist in eine schwierige Situation geraten.	彼女は困難な状況に陥りました。
Der Trainer hat in der zweiten Hälfte den verletzten Spieler ersetzt.	監督は後半，怪我をした選手を交代させました。
Man sollte immer einen Ersatzreifen im Kofferraum haben.	常にスペアタイアをトランクルームに入れておくほうがよいでしょう。
Ich habe meine braune Jacke im Fundbüro gefunden.	私は自分の茶色のジャケットを遺失物取扱所で見つけました。
Ich habe mit dem Misserfolg des Projekts gar nicht gerechnet.	そのプロジェクトの失敗をまったく予期していませんでした。
Der Versuch ist leider gescheitert.	その試みは残念ながら失敗しました。
Ich hatte erwartet, dass ihre Ehe schiefgeht.	私は彼らの結婚はうまくいかないと思っていました。

übersehen*	動 (〜⁴を)見渡す, (誤りなど⁴を)見落とす e→ie [übersah - übersehen]
missverstehen	動 (〜⁴を)誤解する [missverstand - missverstanden] **verstehen**: 動 (〜⁴を)理解する
das **Missverständnis**	中 誤解 **pl.** die Missverständnisse das **Verständnis**: 中 理解
vergebens	副 むだに
vergeblich	形 むだな

verwirklichen	動 (〜⁴を)実現する **wirklich**: 副 本当に　die **Wirklichkeit**: 女 現実
realisieren	動 (〜⁴を)実現する
durch|führen	動 (〜⁴を)実行する, やり遂げる **führen**: 動 通じる, 案内する
durch|setzen	動 (要求など⁴を)押し通す, (法案など⁴を)通過させる, (仕事など⁴を)やり遂げる
sich lohnen	動 やりがいがある, 報われる, する価値がある der **Lohn**: 男 (時間単位で支払われる)賃金

Ich war so müde, dass ich die Fehler im Manuskript übersehen habe.	私はとても疲れていたので原稿の間違いを見落としてしまいました。
Ich habe keine Ahnung, warum er mich missverstanden hat.	なぜ彼が私を誤解したのか見当もつきません。
Das muss ein Missverständnis sein.	それは誤解に違いありません。
Ich habe vergebens auf ihren Anruf gewartet.	私は彼女からの電話を待ちましたがむだでした。
Ich habe versucht, ihn davon zu überzeugen, mit der Arbeit aufzuhören, aber es war vergeblich.	彼に仕事をやめるよう説得しようとしましたがむだでした。
Die Bürgermeisterin versprach, diesen Plan bis November zu verwirklichen.	市長はこの計画を11月までに実現すると約束しました。
Seine Pläne werden spätestens in einem Jahr realisiert werden.	彼の計画は遅くとも一年後には実現される予定です。
Es ist meine Aufgabe, dieses Projekt wie geplant durchzuführen.	このプロジェクトを計画通りに実行するのが私の任務です。
Die Partei versuchte, dieses Gesetz im Parlament durchzusetzen, scheiterte jedoch.	その政党はこの法案を国会で成立させようとしましたが, 失敗に終わりました。
Es lohnt sich, alle Museen hier zu besuchen.	ここにあるすべての美術館を訪問する価値があります。

sich eignen	動 (für 〜³／zu 〜³に) 適している
geeignet	形 (für 〜⁴／zu 〜³に) 適した
passend	形 適切な **passen**：動 (〜³に) ぴったり合う
zweckmäßig	形 目的にかなった，役に立つ der **Zweck**：男 目的
entsprechen*	動 (〜³に) 一致する，(要望など³に) 応じる 〔entsprach － entsprochen〕 e→i
die **Anwendung**	女 使用，適用 pl. die Anwendungen
an|wenden	動 (〜⁴を) 用いる，(〜⁴を auf 〜⁴に) 適用する 〔wandte...an － angewandt または規則変化〕
aus|nutzen	動 (〜⁴を) 十分に利用する，食い物にする
	benutzen：動 (〜⁴を) 利用する　nutzen/nützen：動 役立つ　nützlich：形 役に立つ
aus|reichen	動 足りる，十分である reichen：動 足りる
verfügen	動 (über 〜⁴を) 意のままにする，(〜⁴を意のままにできるものとして) 持っている die **Verfügung**：女 自由な使用

Diese Wohnung eignet sich für große Familien.

この住まいは大家族が住むのに適しています。

Das Lehrbuch ist geeignet für Lernende auf B1-Niveau.

その教科書は B1 レベルの学習者向けです。

Mir ist keine passende Antwort eingefallen.

適切な答えが思いつきませんでした。

Als Geschenke mag ich zweckmäßige Dinge.

プレゼントとしては実用的なものが好みです。

100 Cent entsprechen einem Euro.

100 セントは 1 ユーロに相当します。

Die Anwendung dieses Gesetzes auf diesen Fall ist problematisch.

この法律のこのケースへの適用には問題があります。

Die Theorie muss nicht nur erlernt, sondern auch angewendet (angewandt) werden.

理論は習得するだけでなく応用もしなければなりません。

Sie sollten nicht zögern, diese Gelegenheit auszunutzen.

あなたはためらうことなくこの機会を利用したほうがよいでしょう。

10 Liter Bier müssten für die Party ausreichen.

ビールが 10 リットルあればパーティーには十分なはずです。

Er verfügt nach wie vor über großen Einfluss in der Welt der Politik.

彼は政界において相変わらず大きな影響力を持っています。

bieten 　　　　　　　　　　　動 (～³に～⁴を)提供する

〔bot - geboten〕

anｌbieten：動 (～しようと)申し出る，(～³に飲食物など⁴を)さし出す

069

数・量・形

die **Ziffer** 　　　　　　　　　　女 数字

pl. die Ziffern

die **Anzahl** 　　　　　　　　　　女 (一定の)数，若干数

die Zahl：女 数　zahlen：動 支払う　zählen：動 数を数える

die **Menge** 　　　　　　　　　　女 大量，(一定の)数量

pl. die Mengen

die **Masse** 　　　　　　　　　　女 多数，大衆

pl. die Massen

die **Quantität** 　　　　　　　　女 量

pl. die Quantitäten

die Qualität：女 質

die **Hälfte** 　　　　　　　　　　女 半分

pl. die Hälften

halb：形 半分の，～半

die **Kleinigkeit** 　　　　　　　女 ちょっとしたもの

pl. die Kleinigkeiten

klein：形 小さい，背が低い

die **Breite** 　　　　　　　　　　女 幅

pl. die Breiten

breit：形 幅の広い

die **Länge** 　　　　　　　　　　女 長さ，縦

pl. die Längen

lang：形 長い

Die Krankheit hat mir die Gelegenheit geboten, über mein Leben nachzudenken.

病気は私に人生についてじっくり考える機会を与えてくれました。

In römischen Ziffern wird die 25 als XXV geschrieben.

ローマ数字では 25 は XXV と書きます。

Der Lehrer hat die Anzahl der Anwesenden überprüft.

先生は出席者の人数をチェックしました。

überprüfen：（~⁴を）点検する

Bei der Operation hat der Patient eine Menge Blut verloren.

手術の際，その患者は大量出血しました。

Jede Woche hielt er auf diesem Platz eine Rede vor den Massen.

彼は毎週この広場で大勢の人々の前で演説しました。

Die Qualität und Quantität dieser Speise steht in keinem Verhältnis zum Preis.

この料理の質・量ともに値段に見合っていません。

Etwa die Hälfte der Studierenden lernt vor Prüfungen in der Bibliothek.

学生の約半数が試験前に図書館で勉強します。

Ich habe noch eine Kleinigkeit zu tun, also bleibe ich im Büro.

まだ少々やらなければいけないことがあるのでオフィスに残ります。

Die Breite des Flusses beträgt hier ungefähr 50 Meter.

ここの川幅は約 50 メートルです。

Ein Schiff von etwa 100 Metern Länge fährt gerade durch den schmalen Kanal.

100 メートルくらいの長さの船がちょうどいま，狭い運河を航行しています。

die **Tiefe**	囡 深さ
	pl. die Tiefen
	tief：彫 深い

| der **Umfang** | 圐 周囲の長さ，（事柄の）規模 |
| | *pl.* die Umfänge |

das **Maß**	回 計量単位，寸法，程度
	pl. die Maße
	messen：働（長さ・時間など⁴を）はかる

die **Gestalt**	囡 形，姿
	pl. die Gestalten
	gestalten：働（～⁴を）形作る ⇒ p.120

der **Bogen**	圐 カーブ，アーチ，弓，用紙
	pl. die Bogen/Bögen
	Fragebogen：アンケート用紙

die **Spitze**	囡 （とがった）先，先頭
	pl. die Spitzen
	spitz：彫 とがった

der **Würfel**	圐 さいころ，さいころ形のもの
	pl. die Würfel
	werfen：働（～⁴を）投げる

| **oval** | 彫 楕円形の |

| **eckig** | 彫 角のある，無愛想な |
| | **die Ecke**：囡 角 |

Sie tauchte bis zu einer Tiefe von 30 Metern.	彼女は水深 30 メートルまでもぐりました。
Diese Mütze ist schick, aber für meinen Kopfumfang zu klein.	この帽子はおしゃれですが私の頭回りのサイズに対し小さすぎます。
Die Maße dieses Rahmens sind circa 30x40 Zentimeter.	この額縁の寸法は約 30×40 cm です。
Die magere männliche Gestalt in der Ecke soll der Künstler selbst sein.	この隅のやせた男性の姿は画家自身だといわれています。
Die Bogenbrücke besteht aus Stein.	そのアーチ橋は石でできています。
Auf der Spitze des Turms befindet sich eine Statue eines Engels.	塔の先端には天使の像があります。
Die Würfel sind gefallen.	さいは投げられた（ことわざ）。
Ich gebe zwei Zuckerwürfel in meinen Kaffee.	私はコーヒーに角砂糖を 2 個入れます。
Im Wohnzimmer gibt es einen großen ovalen Tisch.	リビングには大きな楕円形のテーブルがあります。
Ich würde lieber einen runden als einen eckigen Tisch kaufen.	私なら四角い（角のある）机よりも丸い机を買いたいです。

krumm	形 曲がった

das **Muster**	中 ひな型，サンプル，（布地などの）模様 *pl.* die Muster

gestreift	形 縞模様の，ストライプの

🎧 整理・分類・対比

070

ordnen	動 （〜⁴を順序よく）並べる，（用件 など⁴を）片付ける die **Ordnung**：女 秩序，整とんされている状態

die **Reihenfolge**	女 順序 *pl.* die Reihenfolgen die **Reihe**：女 列，順番　die **Folge**：女 結果，連続

die **Kategorie**	女 カテゴリー，部類 *pl.* die Kategorien

das **Merkmal**	中 特徴 *pl.* die Merkmale sich³ **merken**：動 （〜⁴を）覚えておく

das **Kennzeichen**	中 目印，特徴 *pl.* die Kennzeichen

kennen：動 （〜⁴を）（経験を通じて）知っている，（〜⁴と）知り合いである　das **Zeichen**：中 記号，合図

charakteristisch	形 特徴的な der **Charakter**：男 性格

das **Detail**	中 細部，ディテール *pl.* die Details

ausgenommen	接 〜を除いて die **Ausnahme**：女 例外

Ein schöner violetter Vogel sitzt auf einem krummen Ast.

一羽の美しいスミレ色の鳥が曲がった枝にとまっています。

Ich finde die Farbe und das Muster dieser Vorhänge prima.

私はこのカーテンの色と模様がすてきだと思います。

Mir gefällt dieses blau-weiß gestreifte T-Shirt.

この青と白のストライプのTシャツが気に入っています。

Ich habe eine Menge Papiere auf meinem Schreibtisch, die geordnet werden müssen.

私の机の上には整理しなければならない書類がたくさんあります。

Bitte ordnen Sie die Bücher in alphabetischer Reihenfolge.

本をアルファベット順に並べてください。

Der Begriff gehört nicht zu dieser Kategorie.

その概念はこのカテゴリーには属しません。

Der Biologielehrer beschreibt typische Merkmale von Vögeln.

生物の先生は鳥の典型的な特徴を説明します。

Ich lese gerade einen Artikel über die Kennzeichen der Krankheit meiner Mutter.

私はいま，母の病気の特徴について書かれた記事を読んでいます。

Husten und Schnupfen sind charakteristisch für eine Erkältung.

せきと鼻水は風邪の症状に特徴的なものです。

Ich werde Details hier nicht erwähnen.

ここでは細部に言及するつもりはありません。

Ich habe diese Woche Zeit, Mittwoch ausgenommen.

今週は，水曜を除いてずっと時間があります。

aus|schließen	動 （〜⁴を）排除する，除外する 〔schloss...aus － ausgeschlossen〕
inklusive	前 〜²を含めて
zusätzlich	形 追加の der **Zusatz**：男 追加，付加
hinzu|fügen	動 （〜⁴を）付け加える
derselbe, dieselbe, dasselbe	代 同一の
gleichen	動 （〜³に）よく似ている 〔glich － geglichen〕 **gleich**：形 同じ 副 すぐ
der **Gegensatz**	男 対立，反対 *pl.* die Gegensätze **gegen**：前 〜⁴のころに，〜⁴に反対して

voraus|setzen	動 （〜⁴を条件として）前提とする **voraus**：副 先行して，あらかじめ
die **Voraussetzung**	女 前提条件，必要条件 *pl.* die Voraussetzungen
aufgrund	前 〜²に基づいて，〜²の理由で 副 von 〜³に基づいて，von 〜³の 理由で

Sind wirklich alle Zweifel ausgeschlossen?	すべての疑念はほんとうに排除されていますか。
Das Einzelzimmer mit Bad kostet 80 Euro inklusive Frühstück.	バスつきのシングルルームは朝食込みで 80 ユーロです。
Zusätzliche Informationen finden Sie im Internet unter: www...	追加の情報はインターネット上の以下のサイトで見られます。
„Aber ich würde es nicht tun", fügte sie hinzu.	「でも私はそれをしないでしょう」と彼女は付け加えました。
Mein Kollege trägt immer denselben grauen Anzug.	私の同僚はいつも同じグレーのスーツを着ています。
Trotz ihres Altersunterschieds gleichen sich die Schwestern sehr.	その姉妹は年齢差があるにもかかわらずとてもよく似ています。
Im Gegensatz zu ihrem Mann ist sie sehr optimistisch.	彼女は彼女の夫とは対照的にとても楽観的です。

Vorausgesetzt, dass es nicht regnet, machen wir am Wochenende eine Wanderung.	雨が降らなければ私たちは週末にハイキングをします。

vorausgesetzt, dass ～：もし～ならば

Guter Schlaf ist eine der Voraussetzungen für ein langes Leben.	質の良い眠りは長生きの必要条件の一つです。
Mehrere Flugzeuge konnten heute aufgrund des starken Windes nicht wie geplant landen.	何機かの飛行機は今日，強風のため予定通り着陸できませんでした。

anhand	前 ～²を手がかりにして，～²を基にして 副 von ～³を手がかりにして
die **Basis**	女 基礎，基盤 *pl.* die Basen
die **Grundlage**	女 基礎，根拠 *pl.* die Grundlagen der **Grund**：男 理由，基礎，土地　die **Lage**：女 位置，情勢
der **Maßstab**	男 (評価・判断の)基準 *pl.* die Maßstäbe der **Stab**：男 棒
die **Norm**	女 規範 *pl.* die Normen
das **Niveau**	中 水準，レベル *pl.* die Niveaus

die **Realität**	女 現実，事実 *pl.* die Realitäten
realistisch	形 現実的な，写実的な
sachlich	形 事実に関する，客観的な，私情を差しはさまない die **Sache**：女 物(持ち物など)
stimmen	動 (事実と)合っている die **Stimme**：女 声

Ich möchte ihr Leben anhand ihrer Werke vorstellen.

私は彼女の生涯を彼女の作品を手がかりにして紹介したいと思います。

Die beiden Länder haben die gleiche kulturelle Basis.

両国は同じ文化的基盤を持っています。

Es macht keinen Sinn, solche Behauptungen ohne logische Grundlage aufzustellen.

論理的な根拠なくそのような主張をするのは無意味です。

auflstellen：(主張など⁴を) する

Ein neuer Professor sollte nach objektiven Maßstäben ausgewählt werden.

新しい教授は客観的な基準によって選出されたほうがよいでしょう。

Gesellschaftliche Normen sind von Land zu Land verschieden.

社会規範は国によって異なります。

Die Zahl der Hotelgäste hat wieder Vor-Corona-Niveau erreicht.

ホテルの宿泊客の数は再びコロナ前の水準に達しました。

Wir stehen nun vor einer harten Realität.

私たちはいま，厳しい現実に直面しています。

Realistisch betrachtet ist dieser Plan nicht durchzuführen.

現実的に考えるとこの計画は実行不可能です。

Er hat mir sachlich erzählt, was gestern geschehen ist.

彼は昨日起きたことを私に淡々と説明しました。

Stimmt es, dass diese Veranstaltung ausfällt?

このイベントが中止になったのはほんとうですか。

| das **Wesen** | 中 本質 |
| | *pl.* die Wesen |

| **wesentlich** | 形 本質的な |
| | **im Wesentlichen**：大体のところ，まず第一に |

| **vorhanden** | 形 手元にある，存在する |

| die **Existenz** | 女 存在，生計，生活 |
| | *pl.* Existenzen |

| **existieren** | 動 存在する |

🎧 ふるまい・行動・動作

073 die **Haltung**

女 姿勢，態度
pl. die Haltungen

halten：動 止まる，(～⁴をある状態に)保つ　das **Verhalten**：中 態度，ふるまい

sich benehmen*

動 (～に)ふるまう

du benimmst
er benimmt

[benahm － benommen]

sich verhalten*

動 (～に)ふるまう

du verhältst
er verhält

[verhielt － verhalten]

das **Verhalten**：中 態度，ふるまい　das **Verhältnis**：中 (人と人との)関係，(複数で)状況

ein|treten*

du trittst...ein
er tritt...ein

動 (部屋などに)入る，(団体などに)
加入する
(s) [trat...ein － eingetreten]

treten：動 (～へと)歩む，踏む　der **Eintritt**：男 入場，入場料

sich nähern

動 近づく

nah/nahe：形 近い　die **Nähe**：女 近く

Er erkennt das Wesen der Sache noch nicht.

彼はまだその事柄の本質を見抜いていません。

Es gibt keinen wesentlichen Unterschied zwischen den beiden Produkten.

この2つの商品に本質的な違いはありません。

Im Keller sind noch genug Nudeln und Reis vorhanden.

地下室にはまだ十分な麺類と米があります。

In Deutschland möchte ich mir eine neue Existenz aufbauen.

私はドイツで新しい暮らしを始めたいと思っています。

sich³ eine Existenz aufbauen：生計を立てる

In diesem Gebiet existieren keine Gebäude mehr aus der DDR-Zeit.

この辺りにはもうドイツ民主共和国時代の建物はありません。

die DDR：(旧)ドイツ民主共和国 (東ドイツ) の略称

Er änderte seine Haltung sofort, als er das hörte.

彼はそれを聞いたときすぐさま態度を変えました。

Die Japaner haben sich mir gegenüber immer höflich benommen.

日本人は私に対していつも礼儀正しかったです。

Die Jugendlichen haben sich so unvernünftig verhalten, als ob niemand sonst da wäre.

若者たちはそこに他に誰もいないかのように無分別にふるまいました。

Ich möchte in einen Sportverein eintreten.

私はスポーツクラブに入会したいです。

Schließlich haben wir uns der polnischen Grenze genähert.

私たちはようやくポーランドとの国境に近づきました。

sich versammeln	動 集まる
	sammeln：動（〜⁴を）集める
auf|bewahren	動（〜⁴を）保管する
	bewahren：動（〜⁴を）守る，維持する
verteilen	動（〜⁴を）分ける，配る
	teilen：動（〜⁴を）分割する，分配する
an|fassen	動（手や指などで〜⁴を）触る
	fassen：動（〜⁴を）つかむ，理解する
berühren	動（〜⁴を）触る，（〜⁴に）言及する，（〜⁴を）感動させる
	rühren：動（手足など⁴を）動かす，（液状のもの⁴を）かき混ぜる ⇒ p.74
beugen	動（〜⁴を）曲げる，かがめる
blättern	動（in〜³の）ページをめくる
	das **Blatt**：中 葉，（1枚の）紙
gucken	動 見る
zu|sehen*	動（わきで様子を）眺める ［sah...zu - zugesehen］
du siehst...zu er sieht...zu	
pflücken	動（花・実など⁴を）摘む

254

Auch viele Ausländer, Italiener, Spanier, Franzosen und andere versammelten sich, um an der Veranstaltung teilzunehmen.

イベントに参加するために多くの外国人，イタリア人，スペイン人，フランス人なども集まりました。

Können Sie mein Gepäck bis zum Abend aufbewahren?

夕方まで荷物を保管していただけますか。

An die versammelten Kinder wurden Schokolade und Bonbons verteilt.

集まった子どもたちにはチョコレートとアメが配られました。

Fassen Sie das nicht an. Das sieht aus wie ein Kugelschreiber, ist aber eine Waffe.

それに触らないでください。ボールペンのように見えますが武器です。

Er berührt ständig seinen blonden Bart.

彼はしょっちゅう自分のブロンドのひげを触っています。

Seit gestern habe ich Schmerzen, wenn ich mein Knie beuge.

私は昨日からひざを曲げると痛みます。

Er hat eilig in seinem Lehrbuch geblättert.

彼はあわてて教科書のページをめくりました。

Guck mal! Da steht ein Feuerwehrauto!

見て！　あそこに消防車がとまっているよ！

Das Kind sieht gern zu, wenn sein Vater sich rasiert.

その子どもは父親がひげをそると，喜んでわきで眺めます。

南ドイツ，オーストリア，スイスでは zulschauen

Die Äpfel im Garten sind bald reif. Wir müssen sie rechtzeitig pflücken.

庭のりんごがまもなく熟す。遅くならないうちに摘み取らなければ。

graben*	**動** (〜⁴を)掘る a→ä 〔grub - gegraben〕 das **Grab**：中 墓
rutschen	**動** 滑る，滑って転ぶ (s)
der **Rutsch**	**男** 滑り落ちること，小旅行
schieben	**動** (〜⁴を)押して動かす 〔schob - geschoben〕
stechen*	**動** (〜⁴を)刺す e→i 〔stach - gestochen〕 **stecken**：**動** (〜⁴を〜へ)差し込む
löschen	**動** (火など⁴)を消す
weg|werfen* du wirfst...weg er wirft...weg	**動** (〜⁴を)投げ捨てる 〔warf...weg - weggeworfen〕 **weg**：**動** 離れて，なくなって
kleben	**動** (〜⁴を)貼り付ける，(〜に)付着 している
kratzen	**動** (〜⁴を)ひっかく
heben	**動** (〜⁴を)上げる，持ち上げる 〔hob - gehoben〕

Wer anderen eine Grube gräbt, fällt selbst hinein.

人を呪わば穴二つ（ことわざ）。

die Grube：穴

Mehrere Autos sind auf der gefrorenen Straße gerutscht.

凍った道路で数台の車がスリップしました。

Frohe Weihnachten und einen guten Rutsch ins neue Jahr!

メリークリスマス，そして良いお年を！

Jetzt muss der Teig nur noch in den Ofen geschoben und gebacken werden.

あとは生地をオーブンに入れて焼くだけです。

Ich wurde als Kind von einer großen Biene gestochen.

私は子どものころ大きなハチに刺されました。

Ich bin ins Bett gegangen, ohne die Kerze zu löschen.

ろうそくを消さずに寝てしまいました。

Die Quittung habe ich irgendwo weggeworfen.

領収書はどこかに捨ててしまいました。

Vergessen Sie nicht, Briefmarken auf die Postkarte zu kleben.

はがきに切手を貼るのを忘れないでください。

Ich werde oft von meiner Katze gekratzt und gebissen, weil sie mich nicht mag.

私はうちの猫によくひっかかれたり噛まれたりします。猫は私のことを嫌いだからです。

Dieser Stein ist zu schwer, um ihn heben zu können.

この石は重すぎて持ち上げられません。

reißen	動 (〜 ^{4} を) 引き裂く(h), 裂ける, ちぎれる(s) 〔riss - gerissen〕
um|drehen	動 (〜 ^{4} を) 回す, **sich** 向きを変える **drehen**: 動 (〜 ^{4} を) 回転させる

optimistisch	形 楽観的な
pessimistisch	形 悲観的な
aktiv または aktiv	形 積極的な, 活動的な
passiv または passiv	形 消極的な
spontan	形 とっさの, 自発的な
zurückhaltend	形 控えめな **bescheiden**: 形 控えめな
großzügig	形 寛大な, 気前の良い
tolerant	形 寛容な
gnädig	形 情け深い

Mir ist der Geduldsfaden gerissen.	堪忍袋の緒が切れました。
Der Schlüssel muss zweimal nach rechts umgedreht werden.	鍵は右に2度回さなければなりません。
Er ist immer optimistisch, egal was passiert.	彼は何があってもいつも楽観的です。
Die Experten beurteilen die Lage eher pessimistisch.	専門家たちはその状況をむしろ悲観的に判断しています。
Viele Studierende haben sich aktiv an der Diskussion beteiligt.	多くの学生が積極的にその議論に参加しました。
Sie ist zu brav und verhält sich stets passiv.	彼女はおとなしすぎます。そして常に消極的にふるまいます。
Diese Idee ist mir spontan gekommen.	このアイディアはとっさに思いついたものです。
Er verhält sich allen gegenüber zurückhaltend.	彼は誰に対しても控えめな態度をとります。
Sie ist großzügig und sympathisch, aber ihr Mann sieht nervös aus.	彼女はおおらかで感じがいいですが，彼女の夫は神経質に見えます。
Es ist schwierig, allen Menschen gegenüber tolerant zu sein.	すべての人に対して寛容であるのは難しいです。
Vielen Dank für die Einladung, gnädige Frau!	ご招待ありがとうございます，奥様。

frech	㊧ あつかましい，生意気な
egoistisch	㊧ 利己的な
ehrgeizig	㊧ 名誉欲の強い，野心的な
	die **Ehre**：女 名誉　**geizig**：㊧ けちな
hartnäckig	㊧ 頑固な
	hart：㊧ かたい　der **Nacken**：男 首筋
eifersüchtig	㊧ 嫉妬深い
	der **Eifer**：男 熱意　**süchtig**：㊧ 病的依存の ⇒ p.126
gewaltsam	㊧ 暴力的な，力ずくの
	die **Gewalt**：女 権力，暴力
willkürlich	㊧ 恣意的な，勝手な，任意の
gemein	㊧ いやしい，ひどい

🎧 **表現力アップ［人・ものの状態・性質］**

nüchtern	㊧ しらふの，冷静な
hektisch	㊧ あわただしい
erschöpft	㊧ 疲れ果てた

Der Junge ist sehr frech und unterbricht auch die Lehrerin im Unterricht.

その男の子はとても生意気で授業中は先生の話もさえぎります。

Du bist zu zurückhaltend. Manchmal muss man egoistisch sein!

君は控えめすぎる。時々は利己的にならなきゃ。

Ich bin ehrgeizig, wenn es um meine Kinder geht.

子どものことになると私は野心的です。

Meine Frau ist doppelt so hartnäckig wie ich.

妻は私の2倍頑固です。

Der eifersüchtige Ehemann holt seine Frau jeden Tag von der Arbeit ab.

その嫉妬深い夫は妻を毎日職場に迎えに行きます。

Das Militär hat die Bevölkerung gewaltsam unterdrückt.

軍は住民を力ずくで弾圧しました。

Die Studierenden protestieren gegen die willkürlichen Maßnahmen der Universitätsverwaltung.

学生たちは大学本部の横暴な措置に対して抗議します。

Es ist gemein von dir, das zu tun!

こんなことをするなんてひどい！

Ich bin nicht betrunken, ich bin völlig nüchtern.

私は酔っぱらっていません。まったくのしらふです。

Heute war ein hektischer Tag, von morgens bis abends.

今日は朝から晩まであわただしい一日でした。

Ich bin den ganzen Tag durch die Stadt gelaufen und war deshalb total erschöpft.

私は一日中町中を歩き回ったのですっかり疲れ果てました。

261

sorgfältig	形 入念な，注意深い
	die **Sorge**：女 心配
schlau	形 抜け目のない，ずる賢い，利口な
geheimnisvoll	形 秘密に満ちた，意味ありげな
	das **Geheimnis**：中 秘密　das **Heim**：中 自宅
heimlich	形 秘密の，ひそかな
geheim	形 秘密の
grob	形 粗い，粗野な，おおまかな
glatt	形 なめらかな，円滑な
mechanisch	形 機械の，機械的な
flexibel	形 融通のきく，柔軟な
sanft	形 優しい，柔らかな，穏やかな
mild	形 穏やかな，（気候が）温和な，寛大な

Er hat sich sorgfältig auf das Referat vorbereitet.

彼は入念に発表の準備をしました。

In dieser schwierigen Situation müssen wir eine schlaue Maßnahme treffen.

この困難な状況においては我々は抜け目のない措置を講じなければなりません。

Ihr geheimnisvolles Lächeln lässt sie attraktiv erscheinen.

彼女のミステリアスなほほえみは彼女を魅力的にみせます。

Einige Studierende schauen während des Unterrichts heimlich auf ihre Smartphones.

何人かの学生は授業中にこっそりスマホを見ています。

Ich habe einen geheimen Auftrag, von dem ich niemandem erzählen darf.

私には誰にも言えない秘密の任務があります。

Der Text lässt sich grob wie folgt zusammenfassen:

その文章はおおまかに以下のように要約できます。

Heute ist es windstill und der See ist glatt wie ein Spiegel.

今日は風がなく湖は鏡のようになめらかです。

Die Kinder wiederholten die Aussprache einfach mechanisch.

子どもたちは発音をただ機械的に反復しました。

Einer der Vorteile dieses Arbeitsplatzes ist, dass man flexibel arbeiten kann.

この職場の利点の一つはフレキシブルに働けることです。

Die Lehrerin hat in sanftem Ton zu den Kindern gesprochen.

その先生は優しい口調で子どもたちに語りかけました。

Das Klima hier ist das ganze Jahr über mild.

ここの気候は一年を通じて温暖です。

steif	形 堅い，(クリームなどが)固まった
naiv	形 素朴な，愚かな
rein	形 純粋な，清潔な
empfindlich	形 敏感な
dreckig	形 汚い **schmutzig**：形 不潔な
exotisch	形 エキゾチックな，異国(特に熱帯地方)の
primitiv	形 原始的な，簡素な
antik	形 古代の，古風な，アンティークの
aktuell	形 時事的な，現在問題となっている
umweltfreundlich	形 環境にやさしい die **Umwelt**：女 環境
sichtbar	形 目に見える，明らかな die **Sicht**：女 眺め，視点 ⇒ p.48

264

Die Sahne steif schlagen.

生クリームを固くなるまで泡立ててください。

Seine naive Denkweise stört mich sehr.

彼の愚かな考え方は私をひどく不快にさせます。

Dieser Mantel aus reiner Wolle wurde mir von meiner Mutter geschenkt.

このウール 100 パーセントのコートは母からプレゼントしてもらったものです。

Das ist eine Handcreme für empfindliche Haut.

これは敏感肌用のハンドクリームです。

Der Boden ist immer noch ziemlich dreckig. Hast du ihn wirklich geputzt?

床がまだかなり汚いよ。ほんとうに掃除したの？

In diesem botanischen Garten gibt es viele exotische Pflanzen.

この植物園には多くの熱帯植物があります。

Um das Dorf zu erreichen, muss man über diese primitive Brücke gehen.

その村に行くにはこの簡素な橋を渡らなければいけません。

Mein Zimmer ist mit antiken Möbeln eingerichtet, die ich auf Flohmärkten gekauft habe.

私の部屋にはのみの市で買ったアンティークの家具が置いてあります。

Der Zeitungsverlag bietet auf seiner Webseite kostenlosen Zugang zu den aktuellen Nachrichten.

その新聞社は，自社のウェブサイトで時事ニュースへの無料アクセスを提供しています。

Welche Verkehrsmittel sind umweltfreundlich?

どの交通手段が環境にやさしいですか。

Die Berge waren heute wegen des Nebels nur kurz sichtbar.

今日は霧のため少しの間しか山々が見えませんでした。

265

konkret	形 具体的な
theoretisch	形 理論の，理論的な，理論上の die **Theorie**：女 理論
friedlich	形 平和な der **Frieden**：男 平和
stabil	形 しっかりした，安定した
ernsthaft	形 まじめな，重大な **ernst**：形 真剣な
hauptsächlich	形 主要な，主な 副 主として das **Haupt**：中 頭，主要部　die **Hauptsache**：女 主要なこと
progressiv	形 進歩的な
edel	形 高級な，気高い der **Adel**：男（総称として）貴族，貴族階級 ⇒ p.14　der **Edelstein**：男 宝石 ⇒ p.78
unabhängig	形 独立した，(von ～³ に)左右されない **abhängig**：形 依存した
individuell	形 個々人に応じた
selber	代 自分自身 **selbst**：副 自分で

Können Sie das Phänomen anhand von Beispielen konkreter erläutern?

例を挙げてもっと具体的にその現象を説明してくれませんか。

Die Entwicklung einer solchen Technik ist theoretisch möglich.

そのような技術の開発は理論上は可能です。

Beide Seiten wollen eine friedliche Lösung.

双方が平和的な解決を望んでいます。

Die Aktienkurse blieben in den letzten Monaten relativ stabil.

株価はここ数カ月比較的安定しています。

der Aktienkurs：株価

Die Welt hat endlich eine ernsthafte Krise überwunden.

世界はようやく深刻な危機を乗り越えました。

Dieser Fernsehkanal sendet hauptsächlich alte Filme.

このチャンネルでは主に古い映画を放送しています。

Sie wird als progressive Politikerin eingeschätzt.

彼女は進歩的な政治家として評価されています。

Am Ende dieser Tour können Sie die edelsten französischen Weine probieren.

このツアーの最後で，最高級のフランスワインを試飲することができます。

Unabhängige Frauen waren zu dieser Zeit selten und deshalb wurden sie von manchen kritisiert.

当時自立した女性は珍しかったので彼女たちは一部の人々から批判されました。

Vor allem ältere Menschen brauchen individuelle Unterstützung.

特に高齢の方々は個別のサポートを必要としています。

Wasch deine Socken selber!—Ja, Mama, aber wo ist die Seife?

自分の靴下は自分で洗いなさい！—わかったよママ，でもせっけんはどこ？

267

speziell	形 特別な
	副 特に
	die **Spezialität**：女 特産品

rosa	形 ピンク色の　　　無語尾で
	die **Rose**：女 バラ

eiskalt	形 氷のように冷たい

wert	形 (〜⁴の) 価値がある，(〜²に) 値する
	der **Wert**：男 価値　**preiswert**：形 お買い得の

wertvoll	形 高価な，価値のある

kostbar	形 高価な，貴重な
	kosten：動 (〜⁴の) 値段である　**kostenlos**：形 無料の

klasse	形 すごい，すばらしい　　無語尾で

hervorragend	形 卓越した，すばらしい

himmlisch	形 すばらしい
	der **Himmel**：男 空

raffiniert	形 洗練された

prächtig	形 壮麗な，豪華な，すばらしい

Für diese Arbeit sind keine speziellen Kenntnisse erforderlich.

この仕事には特別な知識は必要ありません。

Diese rosa Krawatte würde meinem Bruder gut stehen.

このピンク色のネクタイは兄（弟）によく似合いそうです。

Die Heizung ist kaputt und deshalb zittere ich in einem eiskalten Raum.

暖房が壊れているので私は氷のように冷たい部屋で震えています。

Die Halskette im Schaufenster ist 30.000 Euro wert.

ショーウインドーにあるそのネックレスは3万ユーロの価値があります。

Ich habe ein Set mit wertvollen Porzellantassen geschenkt bekommen.

私は高価な磁器のカップのセットをプレゼントとしてもらいました。

> ～⁴ geschenkt bekommen：（～⁴をプレゼントとして）もらう

Ich habe mir kostbares Silbergeschirr als Souvenir gekauft.

高価な銀の食器をお土産として買いました。

Schau mal da drüben! Da fährt ein klasse Auto!

あそこ見て！ すごい車が走ってるよ！

Das Unternehmen bezahlt ihn gut für seine hervorragenden Leistungen.

その企業は彼の優秀な業績に見合った報酬を支払っています。

Der Aufenthalt in den Bergen war himmlisch!

山での滞在はすばらしかったです。

Das Restaurant serviert raffinierte italienische Küche.

そのレストランは洗練されたイタリア料理を提供しています。

Der Palast hat einen riesigen und prächtigen Saal.

その宮殿には巨大で壮麗な広間があります。

reizend	形 魅力的な
	reizen：動 (~⁴を) 魅了する
niedlich	形 かわいらしい
	süß：形 かわいい，甘い　**hübsch**：形 かわいらしい
komfortabel	形 快適な
	bequem：形 快適な
ideal	形 理想的な
witzig	形 ウイットに富んだ，おもしろい
	der **Witz**：男 冗談，小ばなし，ウィット
blöd	形 ばかな，愚かな (=blöde)
	der **Quatsch**：男 ばかげたこと
lächerlich	形 こっけいな，ばかばかしい
	lachen：動 笑う
rätselhaft	形 謎めいた
	das **Rätsel**：中 なぞなぞ
seltsam	形 奇妙な
	selten：動 めったに~ない　**merkwürdig**：形 奇妙な
eigentümlich	形 奇妙な，(~³に) 固有な
	eigen：形 自分の，特有の
eigenartig	形 独特な，変な
	die **Art**：女 やり方，性質，種類　**-artig**：「~の性質」の意味

Die Unterkunft befindet sich in einem sehr reizenden Viertel.

その宿はとても魅力的な地区にあります。

Was für ein niedliches Baby!

何てかわいらしい赤ちゃんなんでしょう！

Temperaturen um die 20 Grad sind komfortabel, weder zu heiß noch zu kalt.

20度くらいの気温は暑すぎず寒すぎず快適です。

Diese Wohnung ist ideal gelegen, nur 5 Minuten vom Stadtzentrum entfernt.

この住まいは理想的な場所にあります。町の中心からたった5分の距離です。

Jedes Mal, wenn ich ihn sehe, erzählt er mir witzige Geschichten.

彼は会うたびに私におもしろい話をしてくれます。

Ich habe in meinem Mathetest einen blöden Fehler gemacht.

私は数学のテストでくだらないミスをしてしまいました。

So eine lächerliche Kritik sollte nicht ernst genommen werden.

そんなばかばかしい批判は真に受けないほうがいいです。

Seine Worte und Taten sind stets rätselhaft.

彼の言動は常に謎めいています。

Dieses Getränk schmeckt seltsam. Was ist da drin?

この飲み物は変な味がします。何が入っているのですか。

Was ist denn hier los? Warum herrscht hier so eine eigentümliche Atmosphäre?

いったいどうしたの？　なぜここはこんな妙な雰囲気なの？

Ich spürte eine eigenartige Stimmung, als ich in dem fremden Land ankam.

異国の地に足を踏み入れた時, 独特な雰囲気を感じました。

sonderbar	形 奇妙な
unheimlich	形 不気味な 副 ものすごく **heimlich**：形 秘密の, ひそかな ⇒ p.262
verdächtig	形 疑わしい, (〜²の) 嫌疑のかかっている, あやしい der **Verdacht**：男 嫌疑
umständlich	形 手間のかかる, 回りくどい der **Umstand**：男 事情, (複数で) わずらわしいこと ⇒ p.236
mühsam	形 骨の折れる die **Mühe**：女 苦労
grausam	形 残酷な, ものすごい
vorteilhaft	形 有利な der **Vorteil**：男 利益, 利点
bedeutend	形 重要な, 著名な **bedeuten**：動 (〜⁴を) 意味する
korrekt	形 正しい
gerecht	形 正当な, 公平な **recht**：形 正しい

In diesem Land hätte man mich für einen sonderbaren Europäer gehalten.

この国で私は奇妙なヨーロッパ人だと思われていたでしょう。

Der dicke Mann mit dem dunkelgrünen Hut, der in der Gasse stand, war mir unheimlich.

路地に立っていた濃い緑色の帽子をかぶった太った男性は不気味でした。

Die Polizei hat eine verdächtige Person verhaftet.

警察は疑わしい人物を逮捕しました。

Das kann ich nicht kochen. Das Rezept ist zu umständlich.

これは作れません。そのレシピは手間がかかりすぎます。

Das ist eine wirklich mühsame Arbeit. Ohne eine Pause kann ich mich nicht mehr darauf konzentrieren.

これはほんとうに骨の折れる仕事です。休まないともう集中できません。

Dieser Film enthält so viele grausame Szenen, dass ich ihn nicht bis zum Ende sehen konnte.

この映画はあまりにも残酷なシーンが多いので最後まで見られませんでした。

Sie haben uns ein vorteilhaftes Angebot gemacht, das wir allerdings nicht angenommen haben.

彼らは私たちに有利な提案をしてきましたが受け入れませんでした。

Das Museum besitzt viele Werke von bedeutenden Malern.

その美術館は著名な画家の作品を多く所有しています。

Alles, was er gesagt hat, ist völlig korrekt.

彼が言ったことはすべてまったく正しいです。

Er ist wütend, dass er nicht gerecht behandelt wurde.

彼は公平に扱われなかったことを怒っています。

fair	形 公正な，フェアな
logisch	形 論理的な die **Logik**：女 論理学，論理 ⇒ p.98
relativ または **relativ**	形 相対的な 副 比較的
subjektiv	形 主観的な
objektiv	形 客観的な das **Objekt**：中 対象 ⇒ p.104
eindeutig	形 明らかな **deutlich**：形 はっきりした
offensichtlich	形 明白な 副 どうやら〜らしい **offenbar**：形 明らかな，どうやら〜らしい
scheinbar	形 外見上の 副 どうやら〜らしい **scheinen**：動 輝く，〜のように見える
vermutlich	副 おそらく **vermuten**：動 （〜と）思う，推測する
voraussichtlich	副 見込みでは，おそらく **voraus**：副 先行して，あらかじめ
jedenfalls	副 いずれにせよ，少なくとも **jeder**：冠 どの〜も

Er hat das allein entschieden. Das ist nicht fair.	彼はそれを一人で決めました。これはフェアではありません。
Was er sagt, ist immer logisch.	彼の言うことはいつも論理的です。
Seit Jahrzehnten hat er eine relativ schlanke Figur.	彼は何十年も比較的スリムな体型をキープしています。
Bitte geben Sie nicht nur subjektive, sondern auch objektive Gründe an.	主観的な理由だけでなく客観的な理由も挙げてください。
Das Urteil eines Richters muss immer objektiv sein.	裁判官の判断は常に客観的でなければなりません。
Es gibt noch keine eindeutigen Beweise.	まだ明らかな証拠がありません。
Wir sind offensichtlich ans Ziel gelangt.	私たちはどうやら目的地に着いたようです。
Scheinbar ist er sauer auf mich.	どうやら彼は私に腹を立てているようです。
Vermutlich vermisst er mich nicht so sehr.	おそらく彼は私がいないのをそれほどさみしがっていないでしょう。
Diese Produkte werden voraussichtlich nächste Woche geliefert.	これらの製品はおそらく来週配達されるでしょう。
Ich werde Ihnen jedenfalls innerhalb einer Woche darüber Bescheid geben.	いずれにせよ一週間以内にそれについてお知らせします。

eventuell	副 ひょっとすると, 場合によっては
möglicherweise	副 もしかすると
	die **Möglichkeit**：女 可能性

östlich	形 東の
	der **Osten**：男 東
westlich	形 西の
	der **Westen**：男 西
südlich	形 南の
	der **Süden**：男 南
nördlich	形 北の
	der **Norden**：男 北
abwärts	副 下方へ
	⇔ **aufwärts**：副 上方へ　**-wärts**：「～の方へ」の意味
rückwärts	副 後ろへ
	⇔ **vorwärts**：副 前方へ
entgegen	前 ～³ に反して
	副 ～³ へ向かって
umgekehrt	形 逆の
	um|**kehren**：動（～⁴ の向きを）反対にする
parallel	形 平行の

276

Meine Kollegin muss einige Monate im Krankenhaus bleiben. Eventuell muss ich ihre Arbeit übernehmen.	私の同僚は数か月入院しなければなりません。場合によっては私が彼女の仕事を引き継がなければならないかもしれません。
Möglicherweise gibt es auf der Rückfahrt Stau.—Ich hasse Autoschlangen!	もしかすると帰り道は渋滞するかもしれません。―渋滞は嫌いです。
Ich wohne etwa 90 km östlich von Berlin.	私はベルリンから東へ約90キロのところに住んでいます。
Der Mond ist aufgegangen und am westlichen Himmel ist ein großer Stern zu sehen.	月はのぼり，西の空には大きな星が見えます。
Ich möchte meinen Urlaub in einem südlichen Land verbringen.	休暇は南の国で過ごしたいです。
Wir leben auf der nördlichen Halbkugel.	私たちは北半球に住んでいます。
Dieser Weg führt leicht abwärts.	この道は緩やかな下り坂になっています。
Er ist überrascht einen Schritt rückwärts gegangen.	彼は驚いて1歩後ろへ下がりました。
Entgegen meinem Rat hat er den Vorschlag nicht angenommen.	私の忠告に反して彼はその提案を受け入れませんでした。
Der Bahnhof? Der ist in der umgekehrten Richtung.	駅ですか。それは逆の方向にあります。
Die Bahnhofstraße verläuft parallel zu dieser Allee.	バーンホーフ通りはこの並木道に平行しています。

jenseits	働 ～²の向こう側に（で） 働 von ～³の向こう側に（で）
unmittelbar	形 直接の，（空間的・時間的に）すぐの **direkt**：形 まっすぐな
nirgendwo	働 どこにも…ない
nirgends	働 どこにも…ない

🎧 表現力アップ［時］
079

früher	形 以前の，昔の **früh**：形 早い
ehemalig	形 以前の，かつての **ehe**：接 ～する前に ⇒ p.290
vorig	形 この前の **vor**：働 ～³の前に，～⁴の前へ
kürzlich	働 最近，先日 **kurz**：形 短い
neuerdings	働 最近，近ごろ
jemals	働 （未来について）いつか，かつて
gegenwärtig または **gegenwärtig**	形 現在の，居合わせている die **Gegenwart**：女 現在

278

Jenseits des Berges schneit es.	山の向こう側は雪が降っています。
Der Kölner Dom steht in unmittelbarer Nähe vom Hauptbahnhof.	ケルンの大聖堂は中央駅のすぐ近くにあります。
	der Dom：大聖堂
Ich kann nirgendwo meine Brille finden!—Sie ist auf deinem Kopf.	メガネがどこにもない！—君の頭の上にあるよ。
Mimi ist nirgends zu finden. Ist sie vielleicht auf dem Balkon?	ミミ（猫の名前）がどこにもいない。ひょっとしてベランダにいる？
Früher war hier, wo heute ein großes Kaufhaus steht, ein Feld.	いまでは大きなデパートが立っているこの場所は以前は畑でした。
Ende nächsten Monats wird der ehemalige Präsident der Vereinigten Staaten Österreich besuchen.	来月末にアメリカの元大統領がオーストリアを訪問する予定です。
Ich habe ihn erst vorigen April kennen gelernt.	彼とはこの前の4月に知り合ったばかりです。
Ich habe ihm kürzlich gemailt, aber er hat noch nicht darauf geantwortet.	私は最近彼にメールを送りましたが返事はまだです。
Neuerdings ist mein Mann wegen seiner Arbeit selten zu Hause.	最近夫は仕事でめったに家にいません。
Hat er jemals die Verantwortung übernommen?	彼はこれまで責任を取ったことがありますか。
Die Kritik an der gegenwärtigen Regierung nimmt allmählich zu.	現政権に対する批判が徐々に増大しています。

heutig	形 今日の，今日の
	heute：副 今日
heutzutage	副 今日では
jetzig	形 いまの，現在の
	jetzt：副 今，今から
momentan	形 目下の
	der **Moment**：男 瞬間
zurzeit	副 目下，現在
zukünftig	形 未来の，将来の
	die **Zukunft**：女 将来
wöchentlich	形 毎週の，週ごとの
	die **Woche**：女 週
jährlich	形 毎年の
	das **Jahr**：中 年，年齢
gleichzeitig	形 同時の
	gleich：形 同じ 副 すぐ
endgültig	形 最終的な
	das **Ende**：中 終わり
spätestens	副 遅くとも
	spät：形 (時間的に)遅い

Das heutige Theaterprogramm finden Sie in dieser Broschüre.

今日の劇場のプログラムはこのパンフレットに載っています。

Heutzutage ist die Raumfahrt nicht mehr so ungewöhnlich.

今日では宇宙旅行はもはやさほど珍しくなくなりました。

Die jetzige Geschäftsführerin des Unternehmens ist die Enkelin des Gründers.

その企業の現在の社長は創業者の孫です。

Meine Nichte ist momentan bei uns zu Besuch.

いま，めいがうちに遊びに来ています。

Sie ist zurzeit schwanger und darf deshalb weder rennen noch tanzen.

目下彼女は妊娠しており走ったり踊ったりしてはいけません。

Da sitzt mein bester Freund. Die Frau, die neben ihm sitzt, ist seine zukünftige Frau.

あそこに私の親友がいます。隣に座っているのは彼の妻になる女性です。

Mein Bruder liest einige Manga-Zeitschriften, die wöchentlich erscheinen.

私の兄（弟）は週刊の漫画雑誌を何冊か読んでいます。

Mein Sohn besucht uns nur ein paar Mal jährlich.

私の息子は年に数回しか訪ねてきません。

Dieser neueste Film wird weltweit gleichzeitig in die Kinos kommen.

この最新映画は，全世界同時公開される予定です。

Diese Entscheidung ist endgültig und lässt sich nicht ändern.

この判断は最終的なものであり，変更することはできません。

Beeil dich! Bis spätestens um halb zehn müssen wir am Bahnhof ankommen.

急いで！　遅くとも9時半には駅につかないといけないんだよ。

ständig	彫 絶え間のない
	der **Stand**：男 立っている状態，状況，身分，売店
konsequent	彫 首尾一貫した，徹底した
tagelang	彫 何日も続く
	stundenlang：何時間もの
allmählich	彫 ゆるやかな 副 次第に
gelegentlich	彫 折に触れての，ときどきの
	die **Gelegenheit**：女 機会
mittlerweile	副 そうこうしているうちに
	mittler：彫 真ん中の，中くらいの，並の
nebenbei	副 そのかたわらで，ついでに
	neben：前 ～³ の横に，～⁴ の横へ
hinterher	副（空間的に）後ろから，（時間的に）あとから
または **hinterher**	**hinter**：前 ～³ の後ろに，～⁴ の後ろへ
dahin	副 そこへ，（bis と）その時まで，そこまで
指示的意味の強いときは **dahin**	**dorthin**：副 あちらへ
jeweils	副 そのつど，～ごとに

Es weht ständig ein starker Wind und die Temperaturen sind niedrig.	ずっと強風が吹いていて気温は低いです。
Er verfolgt konsequent seinen Traum, Fußballspieler zu werden.	彼はサッカー選手になる夢をとことん追っています。
Ich habe mich schwer erkältet und lag tagelang im Bett.	私はひどい風邪をひき，何日もベッドで過ごしました。
Das Heimweh ist mit der Zeit allmählich verschwunden.	ホームシックは時間とともに次第に消えていきました。
Ich erinnere mich gelegentlich an meine Lehrer auf dem Gymnasium.	ときどきギムナジウムの先生たちを思い出します。
Mittlerweile hat der Regen aufgehört und die Sonne scheint durch die Wolken.	そうこうしているうちに雨がやみ雲間から日が差しています。
Ich telefonierte mit meiner Freundin und räumte nebenbei mein Zimmer auf.	私は友だちと電話をするかたわら部屋を片付けました。
Erst hinterher hat er erfahren, dass er an dem Unfall schuld war.	彼はその事故の責任が自分にあったことをあとからようやく知りました。
Ich mache bald das Abitur. Bis dahin werde ich fleißig lernen.	もうすぐ卒業試験を受けます。それまでは一生懸命勉強するつもりです。
Sie unterrichtet jeweils dienstags und donnerstags an dieser Universität.	彼女は毎週火曜日と土曜日にこの大学で授業をしています。

080

表現力アップ［数量・範囲・程度］

reichlich	形 十分な
	reich：形 裕福な
zahlreich	形 多数の
maximal	形 最大限の
minimal	形 最小限の，ごくわずかな
teilweise	副 部分的に
	der Teil：男 部分
vollständig	形 完全な
	voll：形 いっぱいの
komplett	形 完全な，まったくの

perfekt：形 完全な，完璧な　　vollkommen：形 完全な，完璧な，まったくの　　völlig：形 完全な，まったくの

bloß	形 ただ～だけの，むき出しの 副 ただ～だけ，単に
lediglich	副 ただ，単に
	ledig：形 独身の
extra	副 別に，余分に，特別に
oberflächlich	形 表面的な，うわべだけの

ober：形 上部の　　die Fläche：女 平地，平面 ⇒ p.160

Am Nachmittag haben Sie reichlich Zeit, Sehenswürdigkeiten zu besichtigen.

午後は名所を見学する時間が十分にあります。

In dieser Umgebung gibt es zahlreiche Kneipen.

この周辺には数多くの飲み屋があります。

Dieses Paket liegt über der maximalen Größe für diesen Tarif.

この小包みはこの料金の最大サイズを超過しています。

der Tarif : 料金

Zwischen diesen beiden Modellen gibt es nur minimale Unterschiede.

この二つのモデルにはごくわずかな違いしかありません。

Was Sie sagen, ist teilweise richtig.

あなたの言っていることは部分的には正しいです。

Meine Ärztin sagte mir, dass ich vollständig geheilt bin.

医者は私に「完全に治りました」と言いました。

Ich muss mich bei meiner Frau entschuldigen, denn ich habe komplett vergessen, sie abzuholen.

私は妻に謝らなければなりません。彼女を迎えに行くのをまったく忘れてしまったから。

Ich hatte bloß drei Euro dabei, also konnte ich kein Taxi nehmen.

私は３ユーロしか持ち合わせていなかったのでタクシーに乗れませんでした。

Dies ist lediglich eine Meinung, keine Kritik.

これは単に意見であり，批判ではありません。

Diesen Wein habe ich extra für dich mitgebracht.

このワインは君のために特別に持って来たんだよ。

Er hat sich an der Diskussion mit nur oberflächlichem Wissen beteiligt.

彼は浅い知識だけで議論に参加しました。

umfassend	形 包括的な，広範囲の
	umfassen：動（〜⁴を）包む，囲む
radikal	形 根本的な，（政治的・思想的に）過激な
äußerst	形 いちばん外側の，極度の 副 きわめて
extrem	形 極端な，過激な
gründlich	形 徹底的な
	der **Grund**：男 理由，基礎，土地
außerordentlich	形 異常な，並外れた 副 非常に
	ordentlich：形 きちんとした
außergewöhnlich	形 異常な，並外れた 副 非常に
ungewöhnlich	形 異常な，並外れた 副 非常に
mächtig	形 強大な，力強い，ものすごい 副 ものすごく
	die **Macht**：女 権力，力
kräftig	形 力のある，激しい，栄養豊かな
	die **Kraft**：女 力

Es ist wichtig, nicht nur Fachwissen, sondern auch umfassendes Wissen zu entwickeln.

専門知識だけでなく，広範囲にわたる知識も養うことが重要です。

Das altmodische System sollte radikal verbessert werden.

時代遅れの制度は根本的に改善したほうがよいでしょう。

Es ist äußerst wichtig, täglich zu frühstücken.

毎日朝食をとることはきわめて重要です。

Dieses T-Shirt ist extrem billig! Es kostet nur 99 Cent!

このTシャツはものすごく安いです！　たったの99セントです！

In dieser Fabrik wird jeden Morgen die Sicherheit der Maschinen gründlich geprüft.

この工場では毎朝機械の安全性が徹底的に点検されます。

Er hat ein außerordentliches musikalisches Talent.

彼は並外れた音楽の才能を持っています。

Ich habe auf dieser Insel eine außergewöhnliche Erfahrung gemacht, die Sie überraschen wird.

私はこの島であなたがびっくりするような非日常的な体験をしました。

Er wagte es, das ungewöhnlich scharfe Gericht zu probieren.

彼はとてつもなく辛い料理をあえて食べてみました。

Wir haben uns über diese Nachricht mächtig gefreut.

私たちはこの知らせを聞いてものすごく喜びました。

Das Ehepaar hatte gestern einen kräftigen Streit.

きのうその夫婦は激しい喧嘩をしました。

gewaltig	彫 巨大な，ものすごい 副 ひどく die **Gewalt**：女 権力，暴力
riesig	彫 巨大な，ものすごい 副 ものすごく
ungeheuer または ungeheuer	彫 （大きさ・程度などが）ものすごい 副 とてつもなく
erstaunlich	彫 驚くべき，驚嘆すべき **staunen**：動 (über ~⁴ に) 驚く，感嘆する
einigermaßen	副 ある程度，いくらか，かなり **einige**：彫 いくらかの
gewissermaßen	副 ある程度，いわば
mäßig	彫 適度の das **Maß**：中 計量単位，寸法，程度 ⇒ p.244
keinesfalls	副 決して～ない **keineswegs**：副 決して～ない
wiederum	副 再び，他方で **wieder**：副 再び

🎧 **表現力アップ [その他]**
081
irgendein	代 何かある～，誰かある～ **irgendwie**：副 何らかの方法で，どうにかして，どことなく **irgendwo**：副 どこかで　**irgendwann**：副 いつか

Die gewaltige Hitze macht ein Leben ohne Klimaanlage unmöglich.

ものすごい暑さでエアコンなしの生活は不可能です。

Das Land hat eine riesige Summe ausgegeben, um die Grenze zu schützen.

国は国境を防衛するために巨額を投じました。

Fass diese Vase nicht an. Sie ist ungeheuer teuer.

この花瓶に触らないで。とてつもなく高価なんだ。

Die Parkgebühren im Stadtzentrum sind erstaunlich hoch.

町の中心部の駐車料金はものすごく高いです。

Hat das Vorstellungsgespräch gestern gut geklappt?—Ja, einigermaßen.

昨日の面接はうまくいきましたか。——はい，ある程度は。

Es ist gewissermaßen sein offenes Geheimnis, dass er schon verheiratet ist.

彼がすでに結婚していることはいわば公然の秘密です。

Im Westen ist es bewölkt und mäßig warm.

西部はくもっていてほどよく暖かいです。

Ich bin mit meinem Einkommen keinesfalls zufrieden.

私は自分の収入に決して満足していません。

Die Lebensmittelpreise sind wiederum gestiegen.

食料品の値段は再び上昇しました。

Ich soll irgendeinen Knopf drücken, aber es gibt zu viele und ich weiß nicht, welchen.

どれかのボタンを押さなければいけないのですが多すぎてどれか分かりません。

082

文や単語をつなぐ

ferner	圓 その上
	außerdem：圓 その上
freilich	圓 確かに～ではあるが，もちろん
	frei：形 (座席などが) 空いている，自由な
sozusagen	圓 いわば
dennoch	圓 それにもかかわらず
	trotzdem：圓 それにもかかわらず
weshalb	圓 なぜ
	warum：圓 なぜ
geschweige	圏 (ふつう denn とともに) ましてや～でない
insofern	圓 その点では 圏 (従属) ～である限り
ehe	圏 (従属) ～する前に
	ehemalig：形 以前の，かつての ⇒ p.278
umso	圏 それだけにいっそう
	desto：圓 (je ＋比較級に対応して) それだけいっそう
zumal	圓 とりわけ 圏 (従属) ～なのでなおさら

Dieser Amerikaner spricht Spanisch, Französisch und Deutsch, ferner Chinesisch und Koreanisch.

このアメリカ人はスペイン語, フランス語, ドイツ語, さらに中国語, 韓国語も話します。

Heute scheint die Sonne, und es ist deswegen freilich sehr heiß.

今日は日が照っていて, 言うまでもなくとても暑いです。

Er ist sozusagen wie ein großer Bruder für mich, der sich immer um mich kümmert.

彼は私の面倒をいつも見てくれるいわばお兄さんのような存在です。

Ich habe zwar keine alten Freunde getroffen, aber die Party hat mir dennoch gefallen.

旧友たちには会いませんでしたがそれでもパーティーは楽しかったです。

Ich habe gar keine Ahnung, weshalb er das getan hat.

私はなぜ彼がそんなことをしたのかまったく分かりません。

Dieser Vorschlag ist nicht machbar, geschweige denn sinnvoll.

この助言は実行可能ではないどころかナンセンスです。

-bar:〜できる（形容詞を作る接尾辞）

Insofern hatte er Recht, aber die meisten von uns waren nicht überzeugt.

その点では彼は正しかったのですが, 私たちの多くは納得していませんでした。

Ich hatte unerwarteten Besuch, ehe ich das Haus verließ.

家を出る前に予期せぬ来客がありました。

Je mehr Sie reisen, umso mehr Leute lernen Sie kennen.

旅をすればするほどより多くの人と知り合いになりますよ。

Ich werde immer dicker, zumal ich mich gar nicht bewege.

私はどんどん太っていきます。まったく運動しないのでなおさら。

---

ohnehin 　　　　　または **ohnehin**	圓 いずれにせよ，どっちみち
immerhin	圓 ともかく，それでも
hingegen **gegen**：前 ～⁴のころに，～⁴に反対して	圓 それに反して，一方
erstens **erst**：形 第一の　圓 ようやく	圓 第一に
einerseits～, **andererseits...**	圓 一方では～，他方では…

Ich kann Sie gerne zum Bahnhof mitnehmen, ich fahre ohnehin dort vorbei.	駅まで乗せていってあげますよ。私もどっちみち駅のそばを通るので。
Keine Löffel und Gabeln, aber immerhin kann ich mit den Händen essen.	スプーンもフォークもありませんがともかく手で食べられます。
Meine Tochter ist klug und intelligent, hingegen ist mein Sohn leider einbisschen dumm.	私の娘は賢く知的ですが，息子は残念ながら少し抜けています。
Ich gehe nicht dahin, denn erstens habe ich keine Lust und zweitens keine Zeit.	私はそこへは行きません。第一にその気がないし，第二に時間がないからです。

zweitens：第二に　drittens：第三に

Einerseits will ich in den Ferien zu Hause bleiben, andererseits möchte ich aber auch verreisen.	一方では休暇中は家にいるつもりですが他方では旅に出たいとも思います。

索引

Z

石﨑 朝子（いしざき・あさこ）

　　学習院大学非常勤講師

©Asako Ishizaki, 2024, Printed in Japan

独検2級レベル重要単語1400

2024 年 5 月 1 日　　初版第 1 刷発行

著　者　石﨑 朝子
制　作　ツディブックス株式会社
発行者　田中 稔
発行所　株式会社 語研
　　　　〒101-0064
　　　　東京都千代田区神田猿楽町 2-7-17
　　　　電　話 03-3291-3986
　　　　ファクス 03-3291-6749
組　版　ツディブックス株式会社
印刷・製本 シナノ書籍印刷株式会社

ISBN978-4-87615-432-6 C0084
書名　ドッケン ニキュウレベル ジュウヨウタンゴ センヨンヒャク
著者　イシザキ　アサコ
著作者および発行者の許可なく転載・複製することを禁じます。

定価：本体 2,800 円＋税（10%）［税込定価 3,080 円］
乱丁本，落丁本はお取り替えいたします。

株式会社 語研
語研ホームページ https://www.goken-net.co.jp/

本書の感想は
スマホから↓